東京で十年。

店をもつこと、続けること

文　井川直子
写真　長野陽一

目次

2006年 開店

2007〜2008年

開店

おわりに

はじめに

ｄａｎｃｙｕの連載、「東京で十年。」がはじまって十年目。
今月も井川さんは開店から十年を迎えたお店の人の声に耳を傾ける。
生い立ちや修業時代のこと、お店をはじめたきっかけ、
場所と仲間たち、お客さんのこと、時に趣味の話まで。
東京で十年、お店を続けることができた理由を探している。
その声が言葉となり、井川さんの文章で物語になる。
お店の味や愛される秘密が物語から滲み出ている。
同時に読んでいる自分の人生も問われる。
それが井川さんの原稿だ！　と思っている。
僕はといえば、取材現場で額に汗をかきながら
十年という年月が刻まれたお店や人にカメラを向け
１秒にも満たない速度でシャッターを切る。
その瞬間に写り込んだ十年。
それぞれのお店のいろんな物語がある。

写真家　長野陽一

店をもつこと、続けること

東京で十年。

この本は、dancyuの連載、「東京で十年。」vol.1～50（2014年4月号～2018年7月号）を収録しました。

店名と本文は、できるだけ取材当時のまま掲載しています。

本文に登場する価格や営業時間なども、掲載当時のものです。

移転・店名の変更・閉店などの情報、2023年4月現在の状況は、文末の概要欄とShop infoに反映しています。

2003〜2004年

開店

2003年の出来事

サロン・デュ・ショコラ初開催
六本木ヒルズ開業
DEAN & DELUCA
日本1号店オープン
東京R不動産スタート
焼酎の隆盛

2004年の出来事

COREDO日本橋開業
アテネ五輪
ハモン・イベリコの輸入再開
韓流ブーム
mixi始まる

2003年 6月

オステリア ナカムラ

夫婦二人、シンプルに
うまいと思うもんだけを。

六本木ヒルズが、村上隆のロクロク星人を引き連れて登場した二〇〇三年。同じ街に、といっても浮き足立つ人々の流れとは逆行する、俳優座の裏路地に「オステリアナカムラ」は開店した。俳優座裏という響きが、なんだか大人だなぁ、と感じたことを憶えている。

実際、オーナーシェフの中村直行さんは当時四〇歳。まだ「イタめし」という言葉もなかった八〇年代に現地へ飛び、ブームを支えてきたベテランだ。

アルバイトでパスタと出合ってからこの道二〇年ちょい。わかったのは、つくづく料理が好きだということだった。料理を作って生きていきたい。なのに気づけば人を育てる立場になって、大きな厨房では仕事も分担、人間関係も複雑になる。で、独立した。

「これからは夫婦二人、シンプルに僕がうまいと思うもんだけ作ってこうと」

じゃあ、自分がうまいと思うのってなんだろう？　心に従ったら、メニューには肉料理ばかりが並んだ。ラグーにカツレツにグリル。肉を食べたら野菜も欲しい。素材は真っ当に、量はケチケチしないで。その、肉好き願望を貫くトラットリア。

料理以外を任された幸子夫人は、しかしサービスの仕事をしたことがない。

「グラスの拭き方もクロスの畳み方も、お店を始めてから覚えたんですよ」

とはいうものの、蓋を開ければ適材適所だった。洗い物を溜めない反射神経、なんでも角を揃える几帳面さ。何より、「今日なら仔羊、ぜひ」と迷えるお客の背中を押す女将的な頼もしさは、学んで得られるものじゃない。

だからだろうか。どこか下町の定食屋を思わせるのは。都心にふと漂う家族の匂い。半年後には、六本木の大人たちがそれに吸い寄せられていた。

わずか八坪、一三席の店は、満席になるとギュウギュウだ。マダムは横歩き。誰かが化粧室に立つときはみな椅子を引く。豚のグリルが三人続くと、焼き肉屋かというほど煙が立ち込めた。

だけどお客は、その小ささを愛した。カウンターに座ると、シェフが汗をかきかき自分の料理を作ってくれている、その一生懸命が見える。

夫妻にしても「いい匂い」という客席の呟きが聞こえ、「うまい！」の表情も見逃さない距離感は、喜びそのものだった。

移転など、する気はなかったのに。東京ミッドタウン、国立新美術館の竣工を控えた六本木の地価は跳ね上がり、大家がビルを売ってしまうと、新しい大家は三倍の家賃を提示した。

「要は出て行けってことです」

一年闘って、移転確定。今度は新築ビルで少し広くなる。いい条件？　いや、夫妻は「小さくない」ことを本気で心配した。

あの居心地を失って、常連客を失望させるのが怖かったから。

「できるなら、店ごと持って行きたい」

だから同じ店をつくった。入口から二段上るフロア、斜めに切ったカウンター、木の格子窓。小さい時代の気配があちこちに散りばめられている。

二〇〇七年一〇月。再開を待っていた常連たちが駆けつけて、そして一番聞きたかった言葉をかけてくれた。

「変わらないね」

一〇年、僕らは何も変わらない。そう夫妻は言うけれど、正確には「変わらない」を守る努力をしてきたのだ。それはずっと食べ続けてもらえる味をつくるために、どの素材や調理法がベストか試行錯誤を重ねたことだったり。がんばり過ぎず上手に休むことだったり。

「ランチは二年でやめました。疲れてしまっては楽しく続けられない。カリカリするとお客さんにも伝わるしね」

余裕ができたら、マダムの表情がやわらいだとシェフ。そういうシェフも仕込みにもっと集中していく。おかげで手打ちパスタも生ハムも、どんどん増えていった。

夫婦二人、シンプルに うまいと思うもんだけを。

「もっと料理が上手になりたいんだって、この人」とクールに言い放つマダムは、じつはブレザオラ（牛の生ハム）が成功するまで失敗作を毎日まかないで食べ、その道のりをつき合った。

肉勢力は拡大して、現在魚は一皿のみ。メカジキの、それもカツレツだ。

「僕、お客さんに言われるんです。自分の食べたいもんだけ作ってるって」

だから信じられるのだ。

料理人の食べたい料理しかない店。料理という「こんな面白い仕事を人に譲れない」と、パンから食後酒まで全部作りたがる料理人。そこには嘘の入りようがない。

時代が変わっても、街が変わっても、変わらない正直さ。信じる人に食を委ねられる安堵感は、体に馴染《なじ》んだ服の、やわらかな着心地と似ている。


（2014年4月号）

それまでコース主体のリストランテが多かった東京に、質実剛健なトラットリアが芽を出してきた頃。二〇〇三年六月、「オステリア ナカムラ」は、渋谷「バスタ・パスタ・ウエスト」で五年間シェフを務めた中村直行さんの実力を、仕事帰りに楽しめるトラットリアとして六本木にオープン。当初は八坪一三席の極小空間、アラカルトで選べる自由さ、パンチ系とも称されたボリューム感。夫婦で営む小さな店は、イタリア料理を一気に日常へと根づかせた。二〇〇七年一〇月、現地へ移転。

Shop info

東京都港区六本木７-６-５ 六本木栄ビル２階
☎03-3403-8777
㊔18:00〜22:00(L.O.)
㊡月曜　第２日曜　月一回不定休あり
Ⓨ予算１万円〜　カード／可　21席
都営大江戸線「六本木駅」７番出口より５分、
東京メトロ「六本木駅」４a出口、
「乃木坂駅」３番出口より各７分。

8月

2003年

西麻布 鮨 真

小学生からお寿司が好きで、
いまだに好きで、
これからも好きでしょうね。

小学生の頃、週一回、家族で外食の日があった。何が食べたい？と訊《き》かれれば「お寿司」と答える一人っ子。当然、競合なしで、ほぼ毎週の寿司屋通い。酢飯とタネが一体となるうまさに、鈴木真太郎少年は夢中になった。

「上寿司を三人前食べ終えたら、追加で好きなのを頼める権利が発生する。野球やってて食べ盛りだから、そりゃあ食べた」

一刻も早く職人になりたいのに、両親に説得され高校へ。負けじと、一年生から地元、世田谷の寿司屋でアルバイト。卒業後はそのまま就職し、以来ずっと地元で修業してきた。

都心で独立なんて、想像もできなかったのだ。

「情熱はあっても、自分は井の中の蛙《かわず》だと。西麻布なんて、ブッシュ大統領で話題になった居酒屋に、親方が連れて行ってくれた一度だけですから」

なのに知人のもってきた物件話が、西麻布だった。当時〝ビストロ通り〟または〝地中海通り〟と呼ばれたフレンチやイタリアンの密集する流行発信地で、いい場所だよ、と紹介された。

「そのわりに人通りはないし、築三〇年以上経つマンションで、三階で。路面店じゃない寿司屋なんて……」

それでも見るだけと見に行って、空っぽの物件から窓外の街を眺めたとき、ふと「やってみようか」と思った。

いや、数日前から心は動き始めていた。西麻布の寿司屋へ行ってみたのだ。都心のお寿司、接客、清潔感とはどういうものか。自分には本当に無理なのか？　すると、カチッと火が点いた。

「死ぬ気でがんばれば、絶対できる」

二〇〇三年八月「西麻布 鮨 真」開店。握りたいお寿司はいくらでもあるから、すべての決定権をもった途端、いい魚を買いたくてしょうがない。買っては試し、買っては試し。それでいて高級魚の値つけを知らず利益が出ない。お寿司も経営も、迷走する。

そんな状態で迎えたお盆休みに、「新ばししみづ」を訪れたときのこと。酢を潔く利かせた酢飯に、ハッとした。単に酢の配分がどうのじゃない。何を信じて、どこに照準を合わせ、思い切るかだ。そこに踏ん切りがついたら、目指す味に躊躇《ちゅうちょ》の余地がなくなった。

「地元の店で学んだ基礎を、どう伸ばすかは自分次第。そういう意味で新たな修業が、独立後から始まりました」

包丁の刃を研ぐ砥石のように、それができる環境にあったのだ。

二〇〇〇年前後は三〇代、二〇代寿司職人の独立ラッシュ。「新世代寿司職人」とも称された彼らの特徴は、オープンであることだ。互いの店へ食べに行くだけでなく、お客も紹介し合うし、技術や食材の情報交換も活発。ライバルとは蹴落とす相手ではなく、切磋琢磨して高め合う相手。その存在が、自分自身の成長の糧《かて》になると考える。

「昔は師弟という縦の関係だけでしたが、今は情熱をもつ横のつながりの中で刺激を受けています。みんながんばってる、なまけてはいられないって」

一〇年、だから前だけを見てきた。昨日よりよくなると思えば、たとえば米の産地や品種、古米と新米、酢、調合の割合もすぱっと変える。結果、きっちり味を決めたタネを受け止める、ギリギリまで酸と香りを利かせた酢飯は鈴木さんの真骨頂となった。タネのしっとりした食感に、米の一粒一粒が際立つコントラスト。食べ手はそこにわくわくしたくて暖簾をくぐる。

八年目には、同じ西麻布でも高台の静かなエリアへ移転した。一階と地階の二フロアを借りたのだが、店は一階のみで席数もほぼ同じ。「やりたいことを突き詰める」には、大きくできないそうだ。では地階は何かというと、働く人のためのスペースである。

「朝から晩まで、いわば人生のほとんどを過ごす場所だから、働く環境をよりよく変えたかった」

朝、築地から帰って汗を流せるシャワーを備え、布団の上で眠れる仮眠室がある。仕込みは一つの作業台を囲んで、みんなでする。弟子の仕事を見て、自分の仕事も見せたいからだ。これか

小学生からお寿司が好きで、
いまだに好きで、
これからも好きでしょうね。

らの一〇年は人を育てる期間であり、それは責任。次世代に渡さなければいけないものがある。

好きなお寿司を毎日食べられたら、こんな幸せなことはない。そう夢見た野球少年が、本当に寿司職人となって二五年。今は毎日、こう思う。

「誰よりもうまいお寿司をつくりたい。ずっとお寿司が好きだったし、これからもきっと好きなんでしょうね」

鈴木さんは「寿司」でなく必ず「お寿司」と言う。男子一生を懸けた仕事への、純粋を感じた。

（2014年9月号）


六本木・西麻布界隈を、若手の寿司激戦区に押し上げたといわれる「西麻布 鮨 真」。古典的な仕事ながら新しさを感じさせる握りは、酢飯の量を加減でき、かつ一貫ずつ。一ひねりあるつまみ、今を捉えた酒のセレクトも等身大で、時代のニーズと一致した。鈴木真太郎さんは一九七一年東京・世田谷区生まれ。昔ながらの「小かん鮨」で一一年、ホテルの寿司店で三カ月、創作的な「寿矢（としや）」で約二年修業。

Shop info

東京都港区西麻布４-18-20　西麻布CO-HOUSE１階
☎03-5485-0031
㊖18:00〜23:00(閉店)、木〜日曜は12:00〜14:00も営業
㊡月曜
㊎予算３万円〜　カード／可
カウンター８席、テーブル２席、個室１室（４名用）
東京メトロ「広尾駅」より15分。

10月 2003年

七草

わんわん泣きながら、
でも、自分を信じた。

久しぶりに「七草」へ向かう途中、一瞬、足が迷った。駅から真っ直ぐ、歩いてたった三分の道なのに。

数年前とは景色がまるで違うのだ。目印のスポーツジムや踏み切りは跡形もなく、右も左も工事中の白い囲い。小田急線の地下化と、区画整理のためだそうだ。

再開発に揺れる下北沢で、その店はひたむきに静かなトーンだった。古い一軒家、蔦の絡まる門。小さな看板の横には一輪の花。木の階段を少し下りると、視線の先に橙《だいだい》色の灯りが見える。

訪問者はこの数秒間で、俗世から「七草」の世界へ、すうっと入り込む。

二〇〇三年、前沢《まえざわ》リカさんがこの建物に出合ったときは、ざんざ降りの雨だった。それまで中目黒や恵比寿で一年探しても見つからず、疲れ果て、気持ちが萎《な》えたどん底のとき。初めて探した下北沢で、突然の大逆転が訪れる。

「夕方でした。庭は放置されてジャングルみたいだけど、ちょうど泰山木《たいさんぼく》の花が咲いていて、アイビーが雨に濡れて綺麗だったんです」

契約を終えて家に帰った途端、「わんわん泣いちゃった」と言う。

女一人で和食の店を。そう言うと決まって「創作？」と返された。華やかな創作和食店が増えて、ブランド野菜が脚光を浴びていた時代。

けれど前沢さんの店は、どちらの流れでもない。主役は野菜だが、何を使うかより、どう使うか。そこに麩《ふ》、かんぴょう、高野豆腐《こうやどうふ》、大豆、鞍掛豆《くらかけまめ》などの乾物や豆。日本が忘れつつある、けれど日本が誇る食材を合わせて、季節を感じてもらうこと。

「精神的には辰巳芳子さんの母、浜子さんの世界観です。庭に茗荷《みょうが》が生えたから卵とじにしようとか。たいそうな料理ではないけれど、季節と足並みを揃えるという在り方。豊かですよね」

食の歳時記である。ただし家庭の惣菜でなく、江戸前料理を学び野菜料理の経験を踏まえた、非日常の味で。

高野豆腐のふるっとした食感や、昆布がちのだしで際立つさやえんどうの甘味。地味な食材が喜々として現れる。その感動に焦点を絞り切るため、和食屋では花形の刺身もなし。代わりに煮びたしは堂々と。なんとも潔い。男の料理人にはあまり見られない種類の潔さ、かもしれない。

しかし開店後は、半年を過ぎても閑古鳥。心配した周りの人は「やっぱり刺身を」「わかりやすい料理に」「看板を大きくしたら」と口々に助言した。

「でも私の中の小さな私がイエスと言わないんです。それで潰れたらきっと人のせいにしてしまう。駄目になるなら一〇〇%自分のやりたいことをやったほうが諦めもつくし、次にいけると」

誰も来なかった日の営業後、床を拭きながらまた、わんわん泣いた。

八カ月目。このままでは二カ月後にクローズという矢先、一本の取材が入る。翌月、雑誌が発売されると一気に予約が埋まり始めた。

「これなら次の月も大丈夫、その次の月も大丈夫。そうやって一カ月ずつ延びて、一〇年になりました」

いつしかリスクは、「魅力」と呼ばれていた。わかりづらい料理は「ほかにない料理」に、入りづらい入口は「プライベート感」に。「七草」は、遠くからも人が訪れる店になった。

しかし八年目頃だろうか、前沢さんは自分の料理にマンネリ化を感じ始めたという。

風を入れたい。彼女がとった行動は、「休みを増やす」だ。基本、週五日営業。残る一日は撮影など店以外の仕事に充て、もう一日は、何をしてもいい日にする。

「休まなきゃと必死に休むのでなく、仕込みしてもいい、出かけてもいい、その日したいことをする日」

そう決めたら楽になった。レシピ本の執筆、念願の料理教室。新しい風が新しいリズムを生んで、回り始める。

この一〇年で、下北沢のスーパーは三軒に増え、八百屋は三軒なくなった。八百屋で買ってい

わんわん泣きながら、
でも、自分を信じた。

た野菜は今、栃木の農家から送ってもらっている。昨年は水回りが故障して、大規模工事が必要と判明。同時期に、スタッフも辞めた。

「タイミングかなと思って」

前沢さんは移転を決めた。どの町になるかはわからない。でも一〇〇%やりたいことを貫いて、一〇年育ててきた世界観がある。だからこそできることを。「七草」の、これからの一〇年が始まろうとしている。

（2014年5月号）

移転／店主の前沢リカさんは、野菜料理「やさいや」、江戸前料理「ふじ家」で計五年半経験を積んだ料理人。二〇〇三年一〇月、下北沢に開店した「七草」では、彼女独自の世界観を築いた。二〇一七年二月、日本民藝館のある町、駒場東大前へ移転。旬の野菜と豆、乾物が主役の和食はそのままに、元骨董屋の美しい建物を生かした空間となる。コロナ禍に手がけた、季節を映すお弁当などテイクアウトは期間限定・予約制で継続し、今後も大事にしていく。料理教室も相変わらずの人気。

Shop info

東京都渋谷区富ヶ谷２-22-５
☎03-3460-7793
㊎17:00〜20:00（最終入店）
㊡日曜　月曜　他に臨時休業あり
㊎コース7500円（サービス料５％）
カード／可　14席
京王井の頭線「駒場東大前駅」西口より13分（近道８分）。

12月 2003年

バール＆エノテカ インプリチト

時流に流されるなんて、
悲し過ぎる。

つくづく、非合理的だと思う。

ちょっと一杯飲《や》る店なのに、恵比寿駅から歩けば一二分。しかも坂を上り、また下る。やがて店の気配もないあたりに、ぽつん、でなく堂々と現れるバール。高い天井、一階から地下へと弧を描く階段、古代ローマ建築に見られる石の床と、大理石のバンコ（カウンター）。

なぜこの不便な場所で、なぜここまで造り込まなければならないのか。すべての謎は、しかしこの一言で解ける。

「イタリアであること」

二〇〇三年一二月、「バール&エ《エ》ノテカ インプリチト」は午前一一時から深夜三時まで開けっ放しでスタートした。カプチーノから一日が始まり、仕事合間のエスプレッソ、夜はお酒をひっかけに。そんなふうに一日の中で刻々と貌《かお》を変えていくのがイタリアのバール。店主の松永聡さんは、それをつくりたかったのだ。

「当時、（ウェブの）東京レストランガイドで、イタリアンはすでに一五〇〇軒を超えていました。なのに、イタリアにあるようなバールが全然ない」

まだ、食べログ登場前の話である。

セラーに八〇〇本貯蔵し、グラスで一五種類も飲める、それもイタリアワインのみという画期的な店。ところが開けてみると、日本にバール文化がないからか、立地のせいか、お客が来てくれない。半年後には一七時開店にギアチェンジ。毎月、ワインの生産者を呼んだりと、テーマを決めてイベントも開催した。

風向きが変わったのは、二〇〇六年一〇月、地下に「オステリア スプレンディド」をオープンした頃から。食事のお客が目をつけたのである。一階で食前酒を立ち飲みしつつ待ち合わせ、地下へと下りる。一度バンコに立った者は、再びそれを求めてやってくる。グラスワインは二五種類に増え、東京の人々は自由にバールを使いこなしていった。これこそ、思い描いた光景だ。

松永さんは異業種出身で、料理人でもソムリエでもない。だからか、こんなことも真っ直ぐに言えてしまう。

「俺はワインが好きなんじゃない、イタリアが好きなんだ」

それは子どもの頃、スーパーカーのランボルギーニから始まった。二〇代でアルマーニ、三〇代にはナポリクラシコ。靴に時計、家具も建築も。これまで現地で訪れたワイナリーは四〇〇軒以上。開店準備中の一年間は、二五〇食もイタリア料理を食べまくった。

「知識がない分、経済力でねじ伏せようと（笑）。いいものを食べて飲んで」

フリウリ＝ヴェネツィア・ジュリア州ウディネでのことだ。

北イタリアを代表する木工家具の街は、一方で、独特のバール文化をもつ街だった。木と石のクラシックな内装、朝飲みに食前酒のはしご。夜はサン・ダニエーレの生ハムと地元の白ワイン。深夜でも店の外まで人で溢れる、バールの光景が焼きついた。

だから都心のビルの隙間じゃ駄目だったのだ。

駅から遠くても、店を出た後に木々の緑があって、気持ちのいいほうがいい。

「そしてイタリアのように、二〇年、三〇年と変わらず続けていくこと。ただ東京の場合、人は変わっていきます」

リーマンショックまで羽振りよく飲んでいた人々も、タクシーが使えなくなるといなくなり、震災後は近所の人が集まった。

東京の人は流れる。けれど新しい風も吹く。バンコに立つ顔ぶれが変わっても、この場所で一〇年、「インプリチト」はいつものバールとして在《あ》り続けた。

今、グラスワインはついに三〇種を超え、古い年代や希少な銘柄も開けてしまう。いいワインとはどういうものか、もっと知って欲しいのだそうだ。

これは、松永さんの反抗だ。

時流に流されるなんて、
悲し過ぎる。

長い景気の低迷で、東京の新しい店は「いかに予算を削るか」に必死になった。ビオワインに火がつくと右へ倣《なら》え。もちろん低予算やビオを否定するのではなく、世の思考が「手っ取り早く、いいとこ取り」といった合理性に走り過ぎている気がするのだ。そうではない店が残っていかないと。という、それは勝手な使命感だと彼は言う。

「いいものを使い続けないと文化は遺りません。店も、ワインも。時流に流されるなんて、悲し過ぎる」

こんな松永伝説がある。スペインバルがブームの時代、本来は食事の前後に一杯、という位置づけの店で一食を済ませてしまう若者が増えた。それではレストランが成り立たない。彼は「文化を間違えている」と反発して、店のパニーニをやめてしまったのだ。まったくもって非合理的。

しかしいつの時代も、文化を遺すのは、志ある非合理だ。

（2014年8月号）


大理石のバンコ、壁の額装写真やポスター。一人の立ち飲みも絵になる、フリウリそのままのバール&エノテカ（ワイン酒場）。「インプリチト」はイタリア語で「言葉はいらない」の意。イタリア全州のワイン一〇〇〇種以上三〇〇〇本を貯蔵し、リキュール、グラッパ、ドルチェワインといった食前・食後酒も豊富。イタリアの醸造家による来日イベントや、彼らがプライベートで飲みに来ることも多い。二〇二三年四月、休業中だった地階の「オステリア スプレンディド」が再開予定。

Shop info

東京都渋谷区東4-6-3
☎03-6712-6643
㋴16:00〜翌2:00(閉店)
㊡日曜
¥予算5000円〜　カード／可　18席＋スタンディング
JR・東京メトロ「恵比寿駅」より12分。

2004年

2月 エーグルドゥース

何がいい、悪いじゃない。
自分がどう在るか。

パティシエという言葉が、初めてdancyuに登場したのは一九九四年だそうだ。念のため言うと、フランス語である。だから厳密にはフランス菓子職人を指す。このあたりから現地で修業したパティシエたちの帰国ラッシュが始まって、日本人は彼らから、「洋菓子」と「フランス菓子」とは別ものだったのだ、と知らされる。そこへ海外ブランドの来襲。東京のフランス菓子熱は、天井知らずに高まっていった。

二〇〇四年、「エーグルドゥース」が開店したのはそんな時代だ。寺井則彦《のりひこ》さんは、すでに「オテル・ドゥ・ミクニ」のシェフ・パティシエとして時代の真ん中にいた人。ならば流行りの、スタイリッシュで宝石店のようなパティスリーになるのだろうか。そう想像したお菓子好きは、きっと驚いたことだろう。店の風貌が、まるで古典の原書のようなクラシックだったから。

「フランスの普通のお菓子屋ですよ」

山手線、目白駅。学習院や高級住宅地で知られるこの町は、かつてちょっとした洋菓子のメッカだった。個人店のケーキ屋があちこちにあって、地元の人は「シュークリームならここ」と贔屓《ひい》屓《き》の店をもっていた。けれどケーキをブランドで買う時代になり、目白通りは甘い匂いを急速に失っていく。

ここにフランスが現れた。真似ではない、本気である。木や大理石の質感、柱や窓枠の形、文字の書体、流れる空気。すべてにおいて一ミリの緩みもない、堂々たる「フランスの普通」。それは、シェフの哲学そのものだ。

パティシエ繚乱の世、多くが「人とは違う表現を」と創作に走る中、「エーグルドゥース」の七割は伝統菓子。つまり現地で長く愛される定番である。

「伝統をより細かく、深く掘り下げることで、自分にしかできない味をつくっていく。味を磨いていくんです」

味を磨く、とはどういうことか。

たとえばお菓子を構成する「素材」から自家製にすること。トルシュ・オー・マロン（モンブラン）でいえば、一般には既製のペーストを使うことが多いが、ここでは「秋になったらフランスの栗がきて」から話が始まる。それを下ゆでし、甘く煮て、裏漉ししてペーストに。焼き菓子のナッツも煎りたて、挽きたてだ。

「すべてではありません。味に関わる部分で、意味のあることなら、素材はできる限り自分たちの手で作る」

腑《ふ》に落ちた。じつは「エーグルドゥース」のフロランタンを食べたときから、ずっと謎だったのだ。焼き菓子がなぜ、こんな生き生きとした香りなのか、挟んだペーストがフレッシュな印象なのか。狙った地点に向かって精度を高めた自家製の味は、同時に、作りたての鮮度でもあったということだ。

ただ、味を磨こうとすればするほど人の手が要る。そのため売り場を含め七人で始めたスタッフは、一〇年経って一八人の大所帯となった。当然、人を雇えば雇うほど人件費がかかり、鮮度を求めれば賞味期限は短くなる。

「でも、そうしなければ表現できない味がある。何がいい悪いでなく、自分がどう在るかという問題です。みなどこかで踏み絵があるんですよ、どっちを選ぶかと。で、僕はこっちを選んだ」

開店の翌年、寺井さんはルレ・デセールのメンバーに迎え入れられている。フランスで設立され、第一線で活躍するパティシエたちの組織。この一員であることは、お菓子の技術者として国際的に高く評価されていることを意味する。

世界と同じステージに立つパティシエは、しかし一〇年、目白の町の店に立ち続けた。店はただ一軒。多店舗展開も、商業施設への出店もしていない。

「大きい仕事は、いつ誰がどう食べる、ということが遠くなる。自分の手を離れ過ぎると、仕事が見えなくなります。僕は毎日、目の前のケーキで商売して、それでごはんを食べていく」

何がいい、悪いじゃない。
自分がどう在るか。

日々入魂の一〇年、ということか。
日本のものづくりを見た気がした。町工場の技術者や、伝統工芸の職人たちにも通じる、現場の手触りから成る仕事。針の穴の一点を目指そうとする志。地に足のついた作業から生まれる創造力と、世界水準の技術力。かつてそれらは日本の誇りだったはずだ。
「僕はつくり手なので、お菓子の〝味〟で評価されたい。誰のつくった何でなく、これをつくったのが誰、と」
輝くべきは、つくり手より「もの」である。ショーケースの一個一個を磨き続けてきたフランス菓子職人の味は、だから世界へ響くのだ。

（2014年7月号）

二〇〇四年二月の開店。オーナーの寺井則彦シェフは、「ルノートル」を皮切りにフランス菓子の道へ。一九九一年に渡仏、アルザス「ジャック」ほか四軒で修業。「ル・コルドン・ブルー」パリ校・東京校講師を経て、一九九六年より約七年半「オテル・ドゥ・ミクニ」シェフ・パティシエを務めた。二〇〇三年に世界洋菓子コンクール「クープ・デュ・モンド・ドゥ・ラ・パティスリー」で総合準優勝。

Shop info

東京都新宿区下落合３-22-13
☎03-5988-0330
㊕11:00～17:00
㊡月曜　火曜(祝日の場合は変動あり)
㊎予算3000円～　カード／不可
JR「目白駅」より10分。

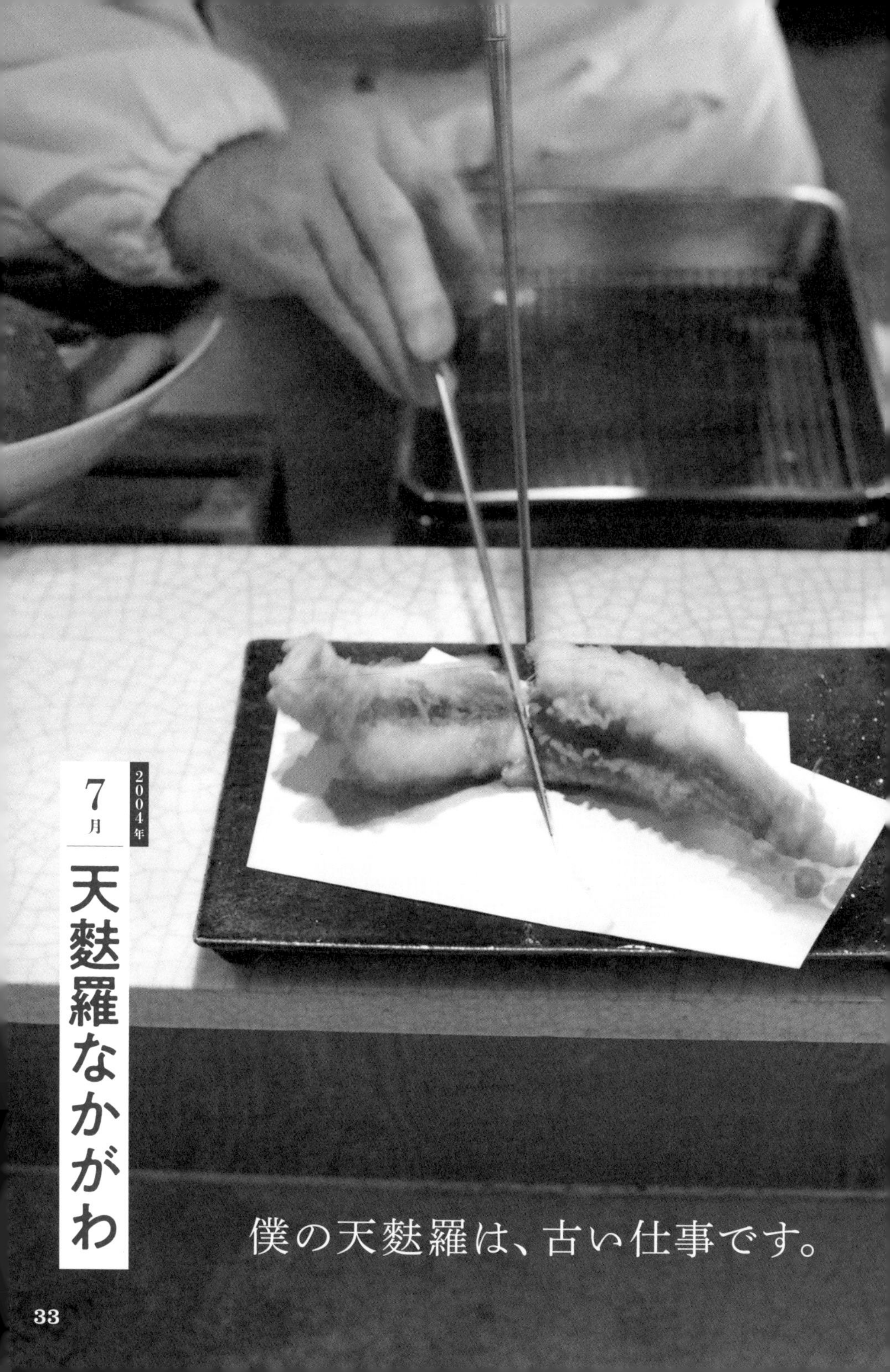

2004年 7月

天麩羅なかがわ

僕の天麩羅は、古い仕事です。

一〇年とは一年ずつ、一日ずつの積み重ね。だと思っていたが改めた。中川崇《たかし》さんのそれは一分、一秒だ。

「三手先まで考える」

それが天麩羅《てんぷら》の仕事である。揚げるという唯一の火入れによって、衣の中で素材を変化させる料理。茶の湯のように簡素だが、だからこそ一手一手が精密に研ぎ澄まされ、宇宙は広がる。

「食べてもらいたい天麩羅を頭に描いて、逆算して仕事を組みます。たとえば海老なら、身は甘味と弾力があり、頭は香ばしく。それにはどの程度水分を抜くか、どこまで火を入れるか。だったら衣の量は、つけ方は、と」

〝油の力〟と温度、タネを鍋へ落とす位置、落とし方、引き揚げの呼吸も素材ごとにみな違う。鍋は一つ、客席は一六。刻々と変化する油の状態、お客の来店時間にも対応しながら、秒単位で判断していく。

もっと言えば逆算は、仕込みから始まっていた。魚は季節、海、天候、漁師や仲買人の腕で状態が違う。活け〆でも血の抜き方で臭みが出たり、氷の張り方で身の水の含み方が変わったり。素材の状態を読み、目指す地点に向かって冷やし方や温度、さばき方といった段取りを巡らせなければならない。職人は頭の中でルービック・キューブのように、見えぬ先を思考する。

「頭の整理や準備ができないうちは、仕事を始めちゃ駄目なんです」

名店「てんぷらみかわ」で一七年修業した後、二〇〇四年七月、築地本願寺から真っ直ぐ伸びる通りに構えた「天麩羅なかがわ」。物件を探す際、平日休日の朝昼晩リサーチをしたと言うわりに、裏通りで人通りがほとんどない。と思いきや、中川さんにはそれこそ望むところだった。さらに店の入口を一間半ほど引っ込め、看板も小さくしたほどだ。

「設備や道具に手が馴れないうちから忙しくなっても、後で困ります。ガス台のクセ、換気扇の空気の引き、冷蔵庫の冷え方や冷える位置を把握して、体に馴染ませなければ仕事が練れない。

だからゆっくり立ち上げたかった」

慣れるには、数をこなすしかない。そのために当初は一二〇〇円のランチを設定し、夜の仕込みと同じ手間をかけた。目立たぬ佇まいでも、ここの天麩羅が食べたいという人は来てくれる。そう確信し、その通りになった。

築地に店を構えたのは、中央区の街の空気感が、自分にしっくりきたからだ。群馬から上京したばかりのとき、「てんぷら みかわ」のある茅場町の路地裏や人形町の商店街に、人が生活を営む気配を感じてほっとした。

「東京は高層ビルの街だと思っていたけど、商店街が賑やかで、空が見えた」

一八歳で修業を始め、一九歳には店の定休日に市場通いをしていた。「魚の神様」と呼ばれる昭和の名人に、さばき方を教えてもらうためだ。魚は、包丁の入れ方で鮮度も食感も味も別ものになる。小学校を出て丁稚《でっち》から叩き上げた神様は、どんな魚も出刃包丁でなく柳刃でさばく。その技を直に見られる現役時代に、ギリギリ間に合った。

「まるで指揮者がタクトを振るようでした。あっという間です。僕がじっと見ていると、見たってわかんねぇんだよ、手を動かして自分で摑《つか》めって」

僕の天麩羅は古い仕事です、と中川さんは言う。白くて軽い流行りの天麩羅ではないけれど、先人から続いてきた江戸前の仕事。それを、昔とは違う現代の環境でどう継いでいくか。

生粋の天麩羅職人、と思ったら、小学生時代は寿司かフランス料理に憧れたのだそうだ。だけど修業するなら「東京の」「いい店」で。そう周りに相談すると、たまたま天麩羅の名店につながった。以来一七年と、一〇年。転職を考えたことはない。何年経っても、新しいことにふと気づくときがあるから。

「仕事は決まっているんですよ。でも、同じように見えても昨日とは違う」

新店が次々と生まれる東京で、人がそれを求めるのはこの街の宿命だ。けれど「天麩羅なかが

僕の天麩羅は、古い仕事です。

わ」には、長く通い続けてくれるお客が多い。年一回でも、いつもの時季に贔屓の店へ。食べ手と料理店のその関係は、バブルよりずっと以前の昭和の外食文化だ。

「うちの店が入っているビルは、(昭和三九年の)東京オリンピックの年に建ったから築五〇年。その時代はコンクリートに川砂利を使っていて、丈夫なんですよ」

スクラップ&ビルドでなく、いいものをつくり、ずっと使い続けることがあたりまえだった時代のお話。まだ、昔話にはなっていない。

（2014年11月号）


中川崇さん、千恵子さんが夫婦で営む「天麩羅なかがわ」は、活け〆の魚を「昭和の名人」譲りの技術でさばき、胡麻油とサラダ油のブレンドで揚げる江戸前天麩羅。二〇二三年四月現在は、昼夜ともコースのみ。淡白な中にも味がある鱧（はも）、ふっくらとした穴子、小柱の甘味が凝縮したかき揚げなど、流れの中で抑揚の利いた天麩羅が楽しめる。中川さんは一九六八年、群馬県生まれ。茅場町「てんぷらみかわ」で一七年間修業し、八丁堀店、六本木ヒルズ店では店長を務めた。二〇〇四年七月、築地に開店。

Shop info

東京都中央区築地2-14-2
☎03-3546-7335
㊚11:30〜13:00(入店)、17:00〜19:30(入店)
㊡月曜　火曜不定休
㊀コース昼7700円〜、夜1万1000円〜　カード／不可
カウンター8席、テーブル8席
東京メトロ「築地駅」より1分。

2004年

9月

バーカルーソー

バー カルーソー ＝鈴木建太。

目眩《めまい》でもしただろうか。ドアを開けると一瞬のブラックアウト。劇場で味わう、開演前のあの暗闇だ。次に一筋の光が射して、鈴木建太さんが現れる。

「こちらからどうぞ」

深紅の艶《つや》やかな緞帳《どんちょう》をくぐると、カウンターに革張りの椅子が用意されている。身を沈めてダイキリを頼めば、映画か何かにすうっと入り込む夢を見ているようだ。その夢にはオペラが流れ、淡く葉巻の匂いも漂う。年代不明の古いランプが、城壁のような壁の岩肌にぼんやりと陰影をつくっていた。

「オペラの舞台、ドン・カルロのイメージなんです」

一〇年前、二六歳のバーテンダーはそう伝え、形にした二七歳のデザイナーは、映画など映像美術のプロである。

当時、東京のバーにはちょっとした異変が起きていた。一九七〇年代生まれを中心に、若きバーテンダーが相次いで独立。彼らは、オーセンティックなだけでなくどこか心揺さぶる空間を、銀座に限らず、自分たちに馴染みのある街で表現しようとした。

「バー カルーソー」はそんな時代の始まり、二〇〇四年九月に開店。場所は新宿三丁目、古いビルの二階だった。

「僕は地元が杉並、専門学校が高田馬場でしたから、買い物も映画も新宿。バーのイメージがない街かもしれないけど、自分が盛り上げようというつもりで」

今でこそビストロだバルだと威勢のいい繁華街だが、当時は八百屋も残る、夜は閑散としたエリアだったそうだ。

なぜバーか。そもそも鈴木さんは「人が好き」でホテル専門学校へ進学し、サービス職を志してグランメゾンに就職した。このとき、ワインやコニャック、リキュールなど幅広いお酒と、シガーに出合う。お酒＋シガー＋もっとお客と会話したい欲求で、答えはバー。オペラは、バーテンダー修業の中でお客に教えてもらったという。

「現代オペラに始まり、どんどん古くなってエンリコ・カルーソーまで。録音が残る中で最も古い歌手です」

オペラは総合芸術だというが、バーもそうかもしれない。酒を介して空間があり音楽が流れ、人がいて、物語が生まれる。訊けば彼は音楽のほか美術も、アンティーク家具や食器も好み、とくにガラス工芸品を愛でる。

店のための勉強？　いや逆だ。愛するものを集めたら、このバーになったのだ。

「自分が行きたい店をつくったんです。こういう音楽聴きながら、こんなお酒を飲んで、こういう会話をしたいって」

同志というのだろうか。オペラをともに語りたかった人々がじわじわと集まり始め、その発熱が、連れられて来た人や、居合わせた人にも伝染していく。

「人の声は、心へ直に訴えかける力がある。音に貫かれる感覚というか」

その言葉は、不思議なことに、オペラのオの字も知らない者も素直に共感できる。あるいは、共感しなくてもいい。耳に流れ込む音楽のせいでお酒がうまくなる、少し心が動く、それだけでなんのアウェイ感も孤独も感じない。たぶん鈴木さんの「人が好き」という本質が、隙をつくってくれるからだと思う。

つまり、風が抜けるのだ。

一〇年、彼は白いバーコートとネクタイを伊達男《だておとこ》のように決め、お客を迎えてきた。臨時休業は二回だけ。一度目は交通事故に遭ったとき。鎖骨にひびが入ったのだが、折れてはいないかと店を開けたら、グレープフルーツを搾っている最中にボキッと音がした。

「大雨の金曜日でした。常連さんにシャンパン一本託して、救急車で病院へ。戻るとお客さまが増えていて。最後まで営業して、その後二日休みました」

バー　カールソー＝鈴木健太。

二度目は東日本大震災の翌日、お客の安全を考えて一日だけ閉めた。あとは日曜とお盆と元日以外、休んだことはない。いつ行っても開いている、それがバーだ。

「カルーソー＝鈴木建太。だから絶対に休みたくない。来てくれる人を裏切りたくない」

いつも開店の一八時きっかりには、誰かしら飲んでいるという。二〇代もいる、七〇代もいる。皆、新宿三丁目の混沌を抜け、マッサージ屋の看板横から、狭い階段を上ってやってくる。酸の小気味よいダイキリを飲み干して混沌の中へ戻ると、末廣亭《すえひろてい》あたりでふと思った。

戦後まで遡れば、たしかこの界隈は文豪や演劇人、芸術家が飲み交わす居酒屋や、学生たちが入り浸るジャズ喫茶の街だったはずだ。芸術を愛する同志が自然と集まる場所。街は、その記憶をもっているのだろうか、と。

（２０１４年10月号）

「バー カルーソー」は、映像美術制作集団「ヌーヴェルヴァーグ」が、バーの空間デザインを手がけるようになった初期の作品でもある。オーセンティックでありながら物語性のある世界観は、バー・デザインの新たな潮流を生んだ。カウンター奥の手巻き蓄音機は一九三〇年製造の現役。お酒はカクテルのほか、シングルモルトの年代物や樽買いなど希少アイテムが揃う。鈴木建太さんは一九七七年生まれ。ホテル専門学校を卒業後、都内グランメゾンに半年。その後、代官山、青山、渋谷、新宿でさまざまなバーを経験。

Shop info

東京都新宿区新宿３-８-８ 平田ビル２階
☎03-3351-3585
㊮17:00～翌１:00、土曜、祝日は～23:00(いずれも閉店)
㊡日曜　他に不定休あり
㊎予算5000円～(テーブルチャージ1100円)　カード／可
カウンター５席、テーブル４席
東京メトロ「新宿三丁目駅」より３分。

2004年

11月

イル ルポーネ

人を育てながら、
自分も育ててもらってる。

皿洗いの手伝い要員、のつもりで行った先がピッツェリアだった。

父の学生時代の後輩の店。そこに、東京へナポリピッツァなるものを持ち込んだサルヴァトーレ・クオモ氏がいた。

「彼が、焼いてみないか？と声をかけてくれました。料理と違って未経験の真っさらな人がいいのだと。ホント、たまたまです」

一九九五年。奇しくも同じ四月、同じ中目黒にこの「サルヴァトーレ」とナポリで修業した柿沼佑武《すすむ》氏の「サヴォイ（現在、経営は別会社。柿沼さんは「聖林館《せいりんかん》」として独立）」が開店し、目黒川沿いの小さな町はナポリピッツァの聖地になった。

一億総パリパリ教だった日本人はその後一気にもちもち教へと改宗することになるのだが、一九歳の井上勇《ゆう》さんはその夜明けに立ち会い、約六年、日本にいながらナポリ出身のピッツァ職人から技術を吸収していったのである。

ただ、当時の日本は小麦粉も国産、モッツァレラチーズは冷凍しかない時代だ。

井上さんは現地の味を確かめたくて、ナポリでも働いた。駅裏に広がる魚市場のピッツェリア、マルゲリータ一枚約二〇〇円。

「日本とは、何もかもが違いました」

粉や発酵の技術はもちろんだが、何よりみんな朝から一人一枚食べ、食べながら歩き、市場で買ったシラスをのせてくれと当然のように要求する、その文化である。

つまりピッツァは、地元の人の生活そのものだった。

二〇〇四年一一月、井上さんは「イル ルポーネ」を、聖地に構えた。

「あえての中目黒でした。だってお客さんが食べ比べられるでしょ？」

あっちが好きでもこっちが好きでもいい。職人によって違うんだと知って、それぞれに贔屓の店ができるほうがいい。

そう、ナポリのように。人の生活に根を張ることで、流行は文化になっていく。

一年間はじっと我慢の時期だったものの、二年目からは自転車の車輪のように、力を溜めた分勢いよく回り始めた。

Tシャツ姿の井上さんがガンガン焼き、一八席の店は毎晩、お喋りと薪《まき》の匂いでいっぱいになる。店の賑わいと同調するように、ナポリピッツァは日本津々浦々まで浸透し、職人による個性の時代に入った。

経営よりむしろ、井上さんを悩ませた最大の問題は「人」だ。

がんばれない、続かない、突然いなくなる。ただ、救ってくれるのも「人」だった。一年目の終わり、忙しくなり始めた頃にスタッフが辞めた、そのタイミングでひょっこり食事に現れたのが後輩の安済孝耶《あんざいたかや》さん。「明日から来て」で、井上さんはペダルを漕げた。

七年目。その安済さんが十分に成長したと感じた。彼ならいつでも店をもてるが、独立する意志はないと言う。だったら一軒、任せようと考えた。

「まずは人ありき。スタッフの成長なしに店を増やしたり拡大しては失敗します。技術より人間性の問題で、人として未熟なうちに任されても、教えてくれる上の人はもういないから」

二〇一一年七月、三軒茶屋に二店舗目「ラルテ」が開店。全四〇席の大きさだから、井上さんがこちらへ異動した。

顧客が三軒茶屋に流れるのは必至である。すると中目黒では地元の花見でピッツェッタ（小さなピッツァ）の出店をしたり、井上さん時代にはなかった周年パーティを開いたり。彼らの「イル ルポーネ」が動き出した。

井上さんはナポリピッツァ職人協会が認めた、日本での第一期マエストロだ。真のナポリピッツァ協会の認定は「店」に与えられるが、マエストロは「人」に与えられる。正真正銘のナポリピッツァを焼く職人であると、本国からも認められた、という意味である。

人を育てながら、自分も育ててもらってる。

「日本のナポリピッツァが間違ったほうへ行かないように、僕らがちゃんと若い子を育てていかないと。そうして人を育てながら、僕も育ててもらってる」

天職とは、何だろう。

聖地で一〇年。職人歴はもう二〇年。洗い場でみんなに可愛がられていた青年は今、日本のナポリピッツァを育てている。

（2015年3月号）


井上勇さんは一九九五年、一九歳で中目黒のリストランテ・エ・ピッツェリア「サルヴァトーレ」へ入店。ナポリピッツァの第一人者、サルヴァトーレ・クオモ氏の一番弟子として六年修業（料理も）。ナポリ「ジュゼッペ・トゥッティーノ」で三カ月働いた後、「ラ・ストラーダ」のシェフに就任。二〇〇四年一一月「イル ルポーネ」開店。二〇一一年七月、三軒茶屋に二店目「ラルテ」開店。井上さんはこちらに立ち、「イル ルポーネ」は安済さんが独立後、小田嶋稔さんが取り仕切る。

Shop info

東京都目黒区中目黒２-10-19
☎03-5722-6789
㊔ランチ　水～金12:00～14:00(L.O.)、土日祝は～14:30(L.O.)、
ディナー　18:00～22:00(L.O.)
㊡月曜(祝日の場合は翌日)
㊎予算ランチ1500円～、ディナー7000円～
カード／可　テーブル18席
東急東横線・東京メトロ「中目黒駅」より６分。

11月
2004年

件

父の背中を追った自分が、
どんな背中を見せられるのか。

二〇〇三年、焼酎の出荷量は半世紀ぶりに日本酒（清酒）を抜いた。*

空前の、といわれる焼酎ブームである。大きな花火の陰で、日本酒の数字は坂を転がるように落ちていく。もちろん焼酎のせいではなくて、自身の問題だ。杜氏の高齢化に後継者の不在、何より、若い世代が日本酒を飲まない。

「件《くだん》」が開店したのはまさに日本酒の暗闇時代だが、しかし川邉《かわべ》輝明《てるあき》さんには一つ、信じられることがあった。

「日本酒は、世界に誇れる文化です」

二〇代の初め、彼は一三カ月にわたってアジアなど九カ国を旅している。海の外で思い出すのは、飲んで喋って、人と人とが打ち解け合う居酒屋文化。帰国後は、「日本酒ってなんてうまいんだろう」と開眼した。

日本酒の居酒屋をやる。それはブームがどうこうじゃない、彼の心が決めたことだ。

ここに至るまで、紆余曲折あったのだ。一〇代は、家族団欒のない料理人の父に反発。だが気づけば一九で厨房に立っていた。直後にバイク事故で足に大怪我を負い、職を替え、旅に出た。

自分は何をしたいのか。問い続ける旅から帰った彼を、日本酒が迎えた。

「父が言うには、包丁を握ったら道は二つだと。雇われでも板前を貫くか、経営者になるか。僕は後者を選んだ」

店をもつ。そう意識して昼は割烹、夜は居酒屋で修業。三〇歳と一カ月のとき、学芸大学駅に「件」を構えた。

誰もが開口一番「酎ハイないの？」と口を揃えるご時世に、では日本酒をどう売るか。川邉さんは非日本酒圏の人にこそ、来てもらおうと考えた。

「うちはビギナーを目覚めさせる店。日本酒の窓口になりたいんです」

だからあえて必要最低限、焼酎も梅酒もワインも置く。最初はそっちからでもどうぞどうぞ。

＊出荷量（課税数量）。国税庁「酒のしおり（平成18年）」参照。

でも一度入ったら意外に深い、日本酒の罠が待っている。軽いお酒が好きなら日本酒ちょいロックもうまいよとか、じつは温めるとお酒が化けるとか、生牡蠣《なまがき》にはこれ飲んでみてとか。驚かせたり、唸らせたり。その小さな感動が積もり積もれば、日本酒の裾野を広げられるはずだ。

「どんぴしゃを、何か一コでも持って帰ってもらえたら」

ものの価値をどこに見い出して、誰に、どうアプローチするか？という思考回路は、海外でさまざまな仕事をするうち身についたことだった。

「件」は忙しくなり、いわく「調子に乗って」三年目頃には一瞬、二号店を計画。物件まで探したが、留まった。

「嫁さんが止めてくれました。店主の力量に見合った規模があると。当時の僕の力量は、この一〇坪。もしあのとき増やしていたら、店も料理も中途半端で、今の『件』はないと思う」

川邉さんは、独立の際にこう決めていた。三〇年、店を続けること。そこに改めて「一〇年は黙ってここで勝負する」が加わった。

今の、この元気な日本酒新時代を誰が想像できただろうか。

日本酒バルや燗酒専門店なる新種の勢力も現れ、もはや乱世だ。その中で「件」は、堂々の満席御礼。誰もが光を見失っていた時代から、黙って一〇年、川邉さんは育ててきたのである。店を、日本酒ファンを、スタッフを、そして自分を。

「昨日の自分に絶対克《か》ちたい」

ずっとその覚悟でやってきた。彼が習っていた剣道の世界では、勝敗は他人のせいでなく、すべて己の責任。反面、一〇年の間に、すべてを一人で背負いがちになるとも気がついた。

「昔は、僕が『件』で『件』が僕でした。でも店は僕一人のものじゃない。僕も一スタッフで店はチームプレイなんだって、気づいたのは最近です」

「件」で働きたいと門を叩く者がいる。巣立って自分の店を構えた者もいる。私生活では三児の

父の背中を追った自分が、どんな背中を見せられるのか。

父になった。これからの一〇年、彼らにどんな背中を見せられるだろう、と川邉さんは考える。
先を走り続ける人がいてくれるから追いかけられると、彼は知っているのだ。
「三〇歳で独立したのは、父が店を始めた歳だから。三〇年続けたいのは、父が続けたから。もう越えたかなと思ったら、最近畑で野菜作りを始めたんですよ。常に勝負の人。越えたと思った自分が、まだまだ青いなぁって」
川邉さんは、店の若いもんより誰より速く動く。「動けるように」鍛えているのである。四〇歳。沈黙の一〇年で熱量は蓄えられ、追いかけたくなる大きな背中を、見せるときがきた。

（2014年12月号）

日本酒の初心者から造り手まで、広く熱く支持されている居酒屋「件」。「町の空気が読める場所で」と妻の地元・学芸大学駅に、二〇〇四年一一月開店。看板は「だしで呑ませる」が信条のおでん。二〇二三年四月より、料理は主菜を選べる四五〇〇円（主菜追加もOK）と、おまかせ六〇〇〇円（前日まで要予約）のコース制。川邉輝明さんは一九七四年生まれ、実家は洋食店。一九歳で包丁を握るが、バイク事故の大怪我で一度は断念。二〇代初めに海外へ。料理店ほかで働きながらインド、タイなど九カ国を旅した。帰国後は割烹、居酒屋「赤鬼」などで修業。

Shop info

東京都目黒区鷹番３-７-４
☎03-3794-6007
㊔17:00〜22:00(L.O.)　㊡月曜
¥予算8000円〜　カード／可
カウンター６席、テーブル12席、テラス８席
東急東横線「学芸大学駅」より１分。

日々実験の、十年。

2004年 12月

眠庵

眠れない蕎麦屋になってしまった。こんなはずじゃなかった。本当は、ハタキをパタパタさせている古本屋の如《ごと》く、「閑《ひま》」な店になるはずだったのだ。第一、なぜ蕎麦なのか。その理由さえ、柳澤宙《ひろし》さんには見つからない。

「なんでかわからないけど、急に蕎麦屋をやりたくなったんですよね」

大学では微生物を勉強し、就職先でも研究職。会社都合で退職後、好きな山に六〇以上登り、そして山を下りるとたいていうまい蕎麦屋があった……というのは理由になるのだろうか？

ただ、記憶を辿ると、二人の祖母と蕎麦の風景がある。

母方の祖母は神田、呉服屋の娘。遊びに行くと一緒に熱帯魚屋から蕎麦屋を回って、温かいたぬき蕎麦を食べるのが決まりだった。父方の祖母は長野の蕎麦打ち名人。春がきたらもうおしまい、と寒い時季だけ打ってくれる新蕎麦の、ご褒美のような味。

「東京下町のゆるいたぬき蕎麦と、超絶おいしい長野の手打ち蕎麦。僕はどちらも好きでした」

蕎麦屋になるなら、本当は、伊豆あたりの古い一軒家がよかったのだ。観光地じゃない土地で、平日は閑、週末に少し賑わってトントンくらい、と物件を探すも一年以上見つからない。だから東京に目を向けた。もはや駅も町もどこでもいい。唯一の条件は「築四〇年以上の一軒家」。どうして古民家なのかは、やはりわからない。

「ここは正直、しぶしぶ決めました。築八一年だけど趣もない、ただ古い家。当時の神田は寂れていて、その裏通りの、さらに幅一間半の私道を入った奥にある。何から何までピンとこないけど、図面を引くうち何とかなるかと」

隠れ過ぎな隠れ家は「眠庵《ねむりあん》」と名づけられ、二〇〇四年クリスマスイブに開店。案内状を一通も出していないのに、一カ月後にはウェブから噂が広まった。

蕎麦好きは、うまいと知ればどんな隠れた場所でも探し当て、追いかけると訊いたことがあるけれど、まさに恐るべしＧＰＳ。

とはいえ、やっぱり不思議なのだ。だって蕎麦屋なのに天麩羅がない、温かい蕎麦もない。日本酒は豊富だが静岡産のみ。みんなが好きな店に、なんて本人が思っていない。

「それができるのが東京だと。小さい町では一般的なものもないとやっていけないだろうけど、東京は日本一、人の多い街。だから個性に特化して、ほかをバサッと切り捨てられる」

東京に決めたなら、東京でなければできない店にしようと考えたのだ。最大公約数より一点突破。柳澤さんはやりたいことしかやらないが、その代わり一点の精度を絞り込み、深く追う。

蕎麦は、もりのみ二種類。比べることで、「草っぽい香り」「こっちは甘味を感じる」など誰もが自然に違いを意識するようになる。たとえ品種や産地が同じでも、畑の位置、天候、種蒔きや収穫の見計らい、使う農機具でも質は変わる。

だから彼は全国を巡り、畑に立ち、生産者と話して買いつける。育った過程を知らなければ、狙えない境地があると信じるからだ。

狙う。そう、蕎麦のおいしさをつくる要素には香り、味、食感、喉越しなどがあるが、彼の分析はじつに細かい。

草の香りにしても、新しい畳も草原もある。草原なら朝露に濡れた草、夏の夕方の蒸れた匂い？柳澤さんの仕事は、自身が狙った一点に向かって、挽《ひ》きの速度や細かさ、水回し、打ち方などを組み立てることにある。

その要となるのが水回しだそうだ。水の入れ方、回し方、どう捏《こ》ねてどこで止めるか。蕎麦の出来はそこで決定づけられる。

「水回しのときは、鳥のように空を飛んで、俯瞰《ふかん》して見ている感覚です。いろんなものが一気に目に飛び込んできて、それらを一瞬で集約していく」

もしも今日誤差があれば、原因を推測して明日は変える。納得しても、別の可能性を求めてやっぱり変える。日々実験の一〇年。「眠庵」はその過程と成果を味わう、いわば柳澤研究室だ。

日々実験の、十年。

だから眠れない。仮説、検証、調べものが多過ぎて、朝はすぐにきてしまう。「店の中だけ、ぽっかり静かなんですよ。大きな道路が交わる須田町交差点も近いのに、東京にいる気がしない。ときどき、床に寝転ぶと銀座線のガタガタっていう音が聞こえて……。うん、気に入っています。できることなら、買い取りたいくらい」

何もかもピンとこなかったこの店が、一〇年で愛すべき場所になっていた。されど東京。土地買収の話も浮かんでは消える。これからの一〇年を訊ねると、彼は「わからない」と答えた。

（2015年1月号）

二〇〇四年一二月開店。古民家改装ブームに火を点けた、「東京R不動産」の初期事例。改装はほぼDIY。店主の柳澤宙さんは一九六九年生まれ。三歳から包丁を握る料理好きで、会社員時代は恵比寿・代官山・渋谷を「しらみ潰しに」食べ歩いた。独学で蕎麦を学び、各地の蕎麦屋で実践的な仕事を覚え独立。「眠庵」のテーマは、蕎麦と日本酒と豆腐である。蕎麦は全国約三〇の生産者から直接買いつけ、日本酒は二〇種余り。豆腐も長野のナカセンナリを使う自家製。

Shop info

東京都千代田区神田須田町１-16-４
☎03-3251-5300
㊎18：00～21：30（L.O.）　㊡日曜　祝日
￥予算3000円～　カード／不可
カウンター４席、テーブル10席
東京メトロ「神田駅」より１分、
都営新宿線「小川町駅」、東京メトロ「淡路町駅」より各３分、
都営新宿線「岩本町駅」、JR「神田駅」より各４分、
JR「秋葉原駅」より５分。

2005年

開店

2005年の出来事

食べログ開始

グルメバーガー、ご馳走ハンバーガー花盛り

スペインバル&立ち飲み大ブーム

LOHAS（ロハス）

今年の漢字に「愛」

（愛・地球博開催、愛のない事件多発）

2005年
1月

サルメリア69

誰にも真似できないこと。
それさえもっていれば
どこへでも行ける。

どう切るか。そこで味が変わることを、日本人は知っている。刺身然り、寿司然り。

「サルメリア69《ロッキュー》」の新町賀信《よしのぶ》さんは、それを生ハムでやっているプロである。寿司職人が魚を選び熟成させるが如く、加工肉を見極め「今食べるべき」状態に管理する。それをよく研がれた包丁ならぬＦ１マシン級に調整されたスライサーで、どう切るか。

熟成した肉の旨味、塩味、香り、脂の甘味を際立たせながら、口の中で、肉の正体は泡よりも儚《はかな》く消えてしまう。

人呼んで「しゅわしゅわ切り」。

サルメリアとはイタリア語で加工肉屋のことだが、そんな切り方は現地にはない。肉をマシンに固定して、一定の厚さにスライスするだけだ。

新町さんは、加工肉の塊を手で摑む。個体差や何時間後に口に入るかを思案しながら、手首を微妙に回し、力加減を塩梅して薄さを自在に変えていく。指先を伝いくる、肉の言葉を訊いているかのように。

「肉のテンションに合わせて、僕は脂身を混ぜるように切って、艶も出す」

一九九〇年代、彼は輸入食材の先駆的な店で働いたが、二〇〇〇年代には「ディーンアンドデルーカ」が日本上陸、お洒落な食材店も増えていた。この時代に独立するなら、何かに絞って特化しなければ、と思い出したのがイタリアで食べた生ハムだった。

「生ハムには、絶対また食べたくなるおいしさがある。それにイタリアに生ハムがある限りなくならないから」

二〇〇五年、当初は「69デリカテッセン」という名で練馬区に開店。イタリアのハムやサラミなど加工肉、プラスそれらを使ったパニーニと惣菜と、奥さんが焼くチーズケーキ。のはずが、むしろプラスしたほうに行列ができてしまう。

「このままじゃいけない、僕は飲食業をやりたいわけじゃないと」

三～五年半の間に加工肉のほかは一切やめ、たとえば生ハムでもプロシュット（豚後ろ脚）、コッパ（豚首肉）、グアンチャーレ（豚頬肉）などの種類、生産者や熟成期間といった肉のバリエーションをじわじわ増やした。

「どう切ればこの肉のうまさが生きるか」を自分の手で探りながら、切り続けた一〇年。新町さんの切り方は誰の真似でもない。だから、誰にも真似できない。

しゅわしゅわ切りを求めて遠くから来る人も珍しくなくなった頃、家賃が倍になった。苦渋の移転。このとき彼は、自身にこう訊いてみたそうだ。

これからどんな生き方をしたいのか。

「僕は家に居ることが好きで、居心地が何より重要。すると東京の選択肢がなくなるんですよ。狭い家の高い家賃をずっと払い続けるのは嫌だなって」

思い浮かんだのは軽井沢。けれどもまだ、仕事の場として東京を離れる踏ん切りがつかない。あと五年がんばろう。そう決めて成城学園前へ移転し、店名を「サルメリア69」と改めた。

ワインのイベントで生ハムを切ってくれないか、という出張依頼がきたのは、それから一〇カ月後のことだ。

「やってみたらライブ感があって、すごく面白かった。シェフとか飲食のプロが、うまいうまいって喜んでくれて」

出張ロッキューの誕生である。

じつは、しゅわしゅわ切りは切りたてが最高。しかし店では販売のみ、イートインがないから食べられない、という悶絶があった。

それもイベントなら解消だ。彼にしてもお客が購入してから家までの移動時間や、口に入るまでの酸化を考えず、おいしさだけにフォーカスして極限まで薄く切れる。

ＤＪのように、レコードならぬ生ハムを回す新町さんは、今や月六～一〇本のイベントを抱え

誰にも真似できないこと。
それさえもっていれば
どこへでも行ける。

る売れっ子である。都内だけでなく地方にも遠征するようになったし、どの会場でも、「しゅわしゅわしたい」人々の長い長い列ができる。

店の休業日や閉店後の時間を使うから休みはほぼなし、腕は常にパンパンだが、それでも呼ばれれば喜んで飛んでいく。今は自分を広く知ってもらう時期、と言う彼は、気づいたのである。「ほかの誰もやっていないことだから、どこへでも行ける。だったら店がどこにあってもいい」「あと五年」まで、あと一年。延ばすのか、動くのか？　いずれにしても東京生まれ、東京育ちの彼にとって東京は、いつか出て行く街だった。

（2015年2月号）

二〇〇五年一月、当時も今も珍しいサルメリア＝イタリアの加工肉専門店を練馬区に開業。二〇一一年二月、店名を「サルメリア69」に改め、成城学園前へ移転した。現在はイタリアのほか、日本、フランス、スペイン、オーストリア（スロベニア、スイスも検討中）など、約三〇種類近くのハム・サラミ類を扱う。新町さんは期待通り一九六九年生まれ。代官山の輸入食材店で一〇年働き、ＮＹのデリやロンドンの食材店を視察する旅で、ついでに寄ったイタリアのサルメリアに刺激を受けた。

Shop info

東京都調布市入間町３-９-11　サミール成城
☎03-6411-9496
㊎12:00〜18:00
㊡火曜　水曜
㊙予算2000円〜5000円　カード／不可、paypayは可
小田急線「成城学園前駅」より15分。

2005年 1月

トラットリア・デッラ・ランテルナ・マジカ

あたりまえを、あたりまえに。

一〇年前、ＪＲ目黒駅のホームには鳩が棲んでいて、お隣のピカピカな恵比寿駅とは対照的だった。なんで目黒なんだろう？　ぼんやり思いながら印刷した地図を辿れば、およそ店がありそうにない住宅街へ入り、やがて自分の方向感覚を疑い始める、その頃だ。

暗くて細い道に黄色いＴＲＡＴＴＯＲＩＡ《トラットリア》の看板がぽっと現れた。魔法のランプという名の店。町を温める灯りのように、そういえば、イタリアのうまい店は決まって路地にある。

ドアを開ける前に心拍数はドクッと上がるのだが、開けた後も上がる一方だ。

蟻の巣のように奥へ奥へと部屋が連なり、間仕切りはアールを描くイタリア式の造り。充満するいい匂いとお喋りの渦。その熱気の海を泳ぐようにスタッフが行き交い、おすすめ料理が書かれた黒板はあっちへこっちへと引っ張りだこである。テーブルの上には、直球の地方料理がドン。やられた。これはもう旅だ。誰もがそう思うのか、ここ「トラットリア・デッラ・ランテルナ・マジカ」は開店半年を過ぎた頃から急速に、満席の店になっていった。

「現地のトラットリアを、そのまま表現しようと思いました」

オーナーの阿部幸敏さんとシェフの阿部之彦《ゆきひこ》さんは口を揃えるが、じつはオーナーは異業種からの転向組、シェフは海外での修業経験がない。そんな彼らが「イタリア」に憧れ「そのまま」をすることができたのは、東京にイタリアがあったからだ。

一九八九年、まだガーデンプレイスのない恵比寿に開店した「イル・ボッカローネ」は、日本語よりもイタリア語のほうが堂々と飛び交っていた店(入るとボナセーラ！の挨拶が飛んだことから、ボナセーラ系の元祖といわれる)。オーナーは、ここの常連客だった。シェフもまた店の出身者から料理を学び、二号店の「ラ・ビスボッチャ」で修業。ほかの立ち上げスタッフも一号店の出身。つまりはみんなこの系列店で育ち、結びついた人たち。

「とにかく、イタリアが最高にカッコいい！という価値観。僕たちの中には、その同じ血が流れています」

ちなみにこの二店は多くの料理人やサービスマンを輩出している。「イル・グラッポロ」「イル・バッフォーネ」「フレーゴリ」。一足先に開店したそれらは恵比寿に集中し、それぞれが話題となって街を盛り上げていた。

だから「ランテルナ・マジカ」も初めは恵比寿で物件を探したのだ。けれど一年経っても見つからなかった。今の店は一度見送った物件。タイムリミットが近づいて、隣駅なら馴染みのお客にも来てもらいやすいと考え直した、それが目黒になった真相だった。

開店は二〇〇五年一月。すでにイタリアンが溢れている中、どう在るべきか。

「現地そのまま」も先達がとっくに目指してきた場所だし、それに案外、「そのまま」は難しい。イタリアの何を見て、どこに惹かれ、どう伝えるか。その焦点が自分と重なったとき、人は初めて「そのまま」と言ってくれる。

演出としてのボナセーラや、トラットリアで高級ワインという一九九〇年代の熱が冷めて、二〇〇五年の彼らが伝えたかったのは「イタリアの普通」だった。

「シンプルな料理をやっていれば、絶対大丈夫だと思いました。ずっと変わらずに残っている料理だということは、飽きられないということだから」

たとえばカチョ・エ・ペペ。ゆでたパスタをチーズと胡椒《こしょう》で和《あ》えただけの、日本で言えばお茶漬けのような皿である。そんな拍子抜けするくらい普通の料理がとびきりおいしいことを、みんなまだ知らない。ならばそれを伝え続け、作り続けること。

誰もが追われるように変化を繰り返す東京で、この店のグランドメニューは一〇年、変わらない。シェフいわく、それがイタリアの在り方で、それでうまくいったら一番カッコいい。

「あたりまえのことを、毎日、あたりまえに続けるだけです」

ここのパスタは、皿に平べったくざっくりと盛られる。日本人は真ん中を高くキレイに盛りがちだが、あえての適当感。こういう些細な部分にこそイタリアが宿ると信じる彼らは、開店三年

あたりまえを、あたりまえに。

目から毎年、現地へ旅に出ている。無意識下で引っかかる現地の匂い。そんな空気のようなものを摑むために。

六人で始めた店は今、常に一〇人前後。店長は三代目になり、当初を知る者はオーナーとシェフだけになった。人は移り変わるもの。でも、だからこそ「ランテルナ・マジカ」の灯りが消えないように、自分たちに流れる「血」をつなげていくのである。

（2015年7月号）

二〇〇五年一月に開店。オーナーの阿部幸敏さんは、この記事を病室で読まれた後、間もなく亡くなられたが、一〇年来のパートナーであった阿部之彦シェフ（同じ苗字は偶然）が跡を引き継いだ。阿部シェフは今でも「トラットリア・デッラ・ランテルナ・マジカ」へ毎日顔を出すが、二〇二二年四月より、三浦慶文（よしふみ）さんがシェフに就任。一九八三年生まれ、この店の「血」が流れる生え抜きのシェフが、路地裏を一八年照らし続ける「魔法のランプ」の守り人となった。

Shop info

東京都品川区上大崎2-9-26　T&H Memory 1階
☎03-6408-1488
㊒17:00〜22:30(L.O.)
㊡日曜
¥コース7000円〜　カード／可　45席
JR・東京メトロほか「目黒駅」より5分。

1月 2005年

韓灯

家族がずっと食べてきたもの、
そのままを。

今、月島は焼き肉激戦区だそうだ。もんじゃと居酒屋しか思い出せないのは、もはや古い東京人なのだろうか。

しかし「韓灯《ハンドゥン》」の金順貞《キムスンジョン》さん、英徳《ヨンドク》さん親子はそんな焼き肉事情の気配はおろか、もんじゃもご存知なかった。九州・小倉から出てきて、右も左もわからぬ東京をぐるぐる回って、たまたま見つけた新築ビルが月島だっただけ。新大久保や赤坂に韓国料理店が密集していることは知っていたけれど、順貞さんはがっかりしていたのだ。

「化学調味料を使う店ばかりで、これが韓国料理と思われているなんて」

むしろ一歩離れた町で、自分たちの料理をしていこう、息子の英徳さんもそう思った。

「田舎の感覚で、おいしければ隣町の銀座からでも人は来てくれると。でも銀座のお客さんは月島には来ないと訊いたのは、開店後のことでした」

もともと「韓灯」は小倉で一七年、三〇席弱が常に回転するほど賑わっていた店だった。母、順貞さんが「女の子一人、男の子三人の子どもたちにお肉を食べさせたい」と始めた韓国家庭料理店。子どもたちが大人になるとみんな小倉から出て行って店を畳むことに決めたとき、お母さんも東京へおいでよ、ということになったのだ。

二〇〇五年一月、月島に移転オープン。「小倉のときはわんさか人が押し寄せてお代わりの伝票もつけられず、ただで食べさせたようなもの」だった開店景気を想像していた。

だが一週間経ってもお客が「ちょろっと」しか来てくれない。チラシを配っても新聞の折り込み広告を出しても反応がない。しかも、その「ちょろっと」来てくれた人たちは料理に対して、口々に「そうじゃない」とけちょんけちょん。どろっとしたタレでなければ焼き肉に絡まない。肉が高いしすぐ焦げる。あげくにミノが大きすぎると、ハサミで切られたこともある。

悔しかった。東京の人たちは知らないのか。添加物のないさらりとしたタレの滋味を、解凍ものではない生肉の火の通りを、大きさで味わいが違うことを。

「白濁していなければテールスープじゃないと言われたこともあります。白濁させることなんて簡単。短時間で一気に炊いたり、店によってはスキムミルクを使ったり、でも私は、そんなスープは頼まれても嫌」

奇《く》しくもその前年は、韓流《はんりゅう》ブームの火蓋が切って落とされた年。宮廷料理ドラマの影響で韓国料理店なる店も急増したけれど、金さん親子には逆に受難の日々となってしまった。新大久保の賑わいと反比例するように、月島ではついに、お客が一人も来ない日が続く。それでも、どうしても譲れないこと。

「家族がずっと食べてきたもの、いつも作っていたものしか提供できない」

この料理がわからないならそれでいい。もういいか、東京ってこんなもんか。そう思い始めた矢先、ある料理人が訪れて「ほかとは全然違う」と言ってくれた。今度はもちろん、いい意味で、だ。

「やっとわかってもらえた、わかってくれる人がいたんだということが、何より嬉しかった」

涙が出た。その料理人が仲間の美食家に教え、美食家が世間に教え。「韓灯」には、彼らの家庭の味を求める人々が集まるようになる。

東京には白濁派もいるが、反白濁派も同じようにいたのである。

順貞さんが作るのは、彼女の母の料理だ。一カ月ごとに漬けるキムチは、浅漬けの段階から日々味が変わる。

「人間が生きていくにはまず、食べものが大事です。体は食べものからできているのだから」

よく生きるには、〝生きている〟食べものを食べること。そういう母の味。もっと言えば、母の手の味。

白濁でなく、おすましのように澄んだテールスープは、蓋をせず弱火で八〜一〇時間、丁寧にあくを取りながらゆっくりと炊いていく。強火で炊けばすぐ濁る。そこを根気よく、辛抱強く、

家族がずっと食べてきたもの、
そのままを。

少しずつ水を足しながら。すると、骨と肉が箸先で離れるくらいとろっとするまで炊いても、霞さえかからない透明感になる。

母から娘へ受け継がれた手の仕事は、息子へつながれ、一方で英徳さんは料理人として、塊で仕入れる肉の味も追究する。韓流とも焼き肉激戦区とも関わりなく、家族の味で一〇年。

でも、未だに慣れないことがある。

「小倉では一週間常連さんが来ないとどうしたの？って心配になるけど、東京では三〜四カ月」

そうか、母の料理は心配から生まれるから沁みる。自分のことを大事にしよう、と思わせてくれる力がある。

（2015年9月号）

金順貞さんが福岡・小倉で一七年続けた韓国家庭料理の店が、東京へ移転。二〇〇五年一月、月島に開店した「韓灯」は、家族経営の金一家が代々馴れ親しんだ家庭料理が基本である。息子の英徳さんは大阪で料理修業をし、家業に就いた。現在は英徳さんが肉の仕入れから全般を担当、母の順貞さんとともに料理も作る。食べた翌日に、体の調子がよくなるような澄んだ味。

Shop info

東京都中央区月島2-8-12 AS ONE月島地下1階
☎03-3536-6635
㊖17:30〜23:00(L.O.)
㊡月曜
㊎予算6000円〜　カード／可　36席
東京メトロ・都営大江戸線「月島駅」より1分。

2005年

3月

イブローニュ

楽しい料理人生を。

人生楽しく！

それが、有馬裕孝《ゆたか》さんがフランスに教えてもらった哲学だ。家族がいて友人がいて、休日はパーティをしたり、スキーに釣りにドライブに。そしてそこには、日々に寄り添う味がある。スキー場で食べる鰊《にしん》とじゃがいものサンドイッチのおいしさ、庭でおじいちゃんが焼く仔豚の匂い。

「フランス料理は楽しいものです」

だが三年後に戻ってみれば、日本ではフランス料理というと作る人も食べる人も身構えていて、なんだか楽しくなかった。二〇〇三年。当時「カジュアル・フレンチ」なる言葉はとっくに登場していたが、それでも相場は料理だけで五〇〇〇円、ワインを飲めば一万円近くなる。それじゃあ気が張るし、日常とはいえない。

「今晩何食べる？と考えたとき、居酒屋なら予算は四〇〇〇円ほど。そこに並ばなければお客さんの選択肢に浮かばない」

二〇〇五年、池尻大橋に開店した「ブラッスリー イブローニュ」は、食べて飲んで四〇〇〇円。たくさん飲んでも五〇〇〇～六〇〇〇円のフレンチ居酒屋である。

といっても、単に安いだけじゃ駄目だ。たとえば豚肉のパテはひき肉から作る店も多い中、彼は豚の塊を自分で塩漬けにするところから始める。完成まで四日間。それを、ひき肉の店と肩を並べる六〇〇円（開店当時）で出すから意味がある。

居酒屋だから、前菜だのメインだの考えず好きなものを好きな順番で、みんなで取り分けてよし。フレンチって案外親しみやすいヤツだ、と思った人が人を連れ、三カ月後には予約の電話がバンバン鳴った。

夜営業のみ、二八席の店なのに多い日で一日五〇人、平均でも三六人。朝四時に帰宅して、九時には仕込みのため店に出る日が続くと、有馬さんにはストレスが溜まってスタッフが辞めていくようになった。

「そこで気づいたんです。（人は）いなくなるんじゃない、僕がいなくさせたんだって。愛情のなさっていうのは、人に伝わるんだなと」

思えば、笑って仕事して、そこそこ稼いで、毎年フランスへ行ければそれで十分だったはずだ。有馬さんは開業資金の返済を終えるとすぐ、一日二〇人で予約を切り上げ、営業時間を短くした。自分以外はアルバイト。すると体も気持ちもグンと楽になった。

七年目。二〇〇八年のリーマン・ショックあたりから東京の賑わいは私鉄沿線の駅に移り、池尻大橋にもお洒落な店や人が増えていた。ちょうどビルの建て替えで家賃の値上げも決まったことで、この町を出るときなのかな、と感じたそうだ。

「リセットしたかったんです」

ずっともち続けていたのは、フランス人よりもフランスを表現したい、という気持ち。彼らが自分を心からもてなしてくれたように、手間と時間をかけた料理でお客を迎えたい。その境地へ、さらに近づくためのリセットだ。

二〇一三年、三軒茶屋と下北沢の間に移転した「イブローニュ」は、どの駅からも歩いて一〇分以上かかる。だが席を二〇に減らして、来てくれた人のためにいっそう手間がかけられる店をつくった。今度はソースも注文ごと、一から作れる店だ。

「フランス料理のクラシックはソースにある。そこをきちんとやりたかった」

いわく、今の日本はスピードが速すぎる。次々と新しさを求めるあまり、後ろにあるものを見落としている。それが悪いと言いたいのではなく、みんながそっちへ行くならば、自分の勝機も幸せもこっちにあるということ。昔からある料理をきちんと表現することで、人の心は動かせる。その光景を見せたいし、自分自身が見てみたい。

「長く店を続けていると、自分にとってこれは楽しい、これは楽しくない、ということがわかってきます。あぁ繁盛しても楽しくないんだな、とか。もちろんお客さんが来てくれないと嫌だけ

楽しい料理人生を。

ど、今の僕に、楽しい料理人生を歩ませてくれるのがこの店です」

ただ、と彼はつけ加えた。

毎日楽しいのも真実、一日一日不安でいっぱいなのも真実だと。どれが正解かわからない。両極で揺れながら、でもたぶんどっちも正解の、一〇年。最後には本当にやりたいことが残る、と言う有馬さんに、「これから」を訊いた。

五〇代になったら、一年のうち九カ月を一生懸命働いて、三カ月はパリかどこかで過ごすのだそうだ。つまり、誰よりも先頭切って人生を楽しむ。何より自分のために。

そしてそういう生き方ができるということを、日本の若い料理人たちに示すのだ。


（2015年4月号）

二〇〇五年三月一八日、「ブラッスリー イブローニュ」は池尻大橋に開店。気軽といえばプリフィクス全盛の中、フランス家庭料理、アラカルト、居酒屋価格というこれまでになかった店づくりで、あっという間に受け入れられた。シェフの有馬裕孝さんは一九七四年生まれ。池袋「ブラッスリー ボン・ママン」で三年修業後、二五歳で渡仏。パリ郊外、シャンベリー、オーヴェルニュほかのレストランで計約三年間修業。二〇一三年三月、「イブローニュ」として世田谷代田へ移転。

Shop info

東京都世田谷区代田１-30-12-102
☎03-6805-5951
㊇18：00〜21：30（入店）
㊡水曜　木曜（月に２回）
㊎予算7000円（ワインによる）　カード／可
テーブル18席
小田急線・京王井の頭線「下北沢駅」、
東急田園都市線「三軒茶屋駅」より各15分。

わくわく、したい。
わくわく、させたい。

2005年 4月

ベトナム屋台食堂マイマイ

年に二、三回、これまでたぶん五〇回は行っているというのに、まだ尽きない。足立由美子さんをベトナムへと駆り立てるのは「心残り」だそうだ。

「行く度に新しい何かが見つかる。ああ次はあれも食べなきゃって、毎回心残りがある。だからまた旅に出ちゃう」

そもそもは、スペインだった。語学留学で半年暮らしたこともあるし、毎年訪れてもいた。興味は植民地時代のラテンアメリカに広がって、ポルトガルへ、キューバへ、ハンガリーへ。そうこうするうち「ベトナムが面白い」と訊いて、行ってみたのが一九九七年。

この頃の日本で、ベトナム料理といえばバブル時代の遠い記憶にある「エスニック」か、一九九八年頃からの「アジアごはん」。どちらにせよ、タイも韓国も一くくりの第三世界だった。だが、現地で出合ったのは途方もなく広くて深い食文化。北の地方は四季もあり、塩辛い味を好むが、年中暑い南は甘酸っぱい味。主食が米で麺好きなのは日本と同じだ。麺は地域でまた違い、いわばご当地ラーメンのようなもの。

それに加えてベトナムの食は基本、カスタマイズ。フォーならライム、酢、チリソース、辛味噌などさまざまな調味料で、最終的に食べ手自身が自分好みに仕上げる。バインミーなら屋台で「これとこれ」と具材を指定する。つまりは一〇〇人一〇〇通り。すべての料理がこうだから、掘れば掘るほど「面白い」が出てくる出てくる。

「現地の料理教室で習った料理を、帰国したその日に作った自分にびっくりしました（笑）。どんなに好きな国でも、帰ったらやっぱり和食。でもベトナム料理はまたすぐ食べたくなるし、みんなに早く食べさせたくなる」

心残りな彼女は翌年夏に再訪し、日本料理を教えながら一カ月半滞在した。秋には、嫁ぎ先である金物屋の倉庫を三坪ほど間借りしてベトナム雑貨店を開店。それがいつの間にか全面を占め、二〇〇一年には「路上で飲むベトナムコーヒーを紹介したい」とカフェが始まる。

けど、何かもの足りなかった。

「私はベトナムの何にわくわくしているのかな、と考えると、やっぱり食べもの。だったら食堂をやろうと」

二〇〇五年四月、初代シェフに高谷亜由さんを迎え、「ベトナム屋台食堂 マイマイ」がオープン。芸術系の大学がある江古田は、写真家や音楽家の卵たち、個性で勝負する人々がわさわさ暮らす町である。そこに現れた木造トタン屋根の食堂は、ベトナムの湿度や時間や匂いのようなものを強烈に放って、すぐに彼らをわくわくさせた。極彩色とノスタルジックが混じり合う花柄のテーブルにプラスチック製の椅子。ままごとのような食器。袋を叩くとクラッカーのように派手な音が鳴るおしぼり袋や、その音でぴよぴよ鳴くおもちゃの小鳥。

「私にとって、食べる＝楽しい、です」

二〇〇六年には、ベトナムのぜんざい〝チェー〟を知って欲しいと料理研究家の伊藤忍さん、西麻布「キッチン」の鈴木珠美さんの三人でユニットを結成。その次はベトナムのサンドイッチ〝バインミー〟推し。人がしていないこと、気づいていない楽しさを、足立さんは一番乗りで伝えようとする。

「後から見れば、自分にもできそうだと思うことってありますよね？　でも大事なのは、誰が最初にやるか」

昭和四〇〜五〇年代の江古田は、喫茶店が五〇軒あまりも密集していたという。戦後すぐに映画館も市場もできた、人の営みが色濃い町だった。けれど今、世間話をしに通う昭和の喫茶店も、大人と子どもで溢れた映画館や市場も町から消えた。

半世紀ちょっと続いた金物屋もまた、店を畳んだ。その土地に二〇一三年、足立さんは姉妹店「エコダヘム」をつくった。ヘムとは路地の意味である。ガラス張りのコンテナ三つは、それぞれ米・麺・カフェの屋台。その真ん中はフリースペースになっている。

わくわく、したい。
わくわく、させたい。

夏には空の下でベトナムビールが飲める。あるときはカレーの屋台、またあるときはハノイの路地飲み屋に姿を変えることもある、というイベント基地にもなる店だ。

道行く江古田住民は、屋台で知り合いがフォーをすすっているのを見つければ、「よう」なんて合流したり。さらに近所の誰かを呼ぼうか、となって人数が増えれば食堂のほうに流れたり。二つの店がゆるくつながり、点から線、線から面へ、店と人と町を結んでいく。

自分がわくわくしながら、みんなをわくわくさせて、一〇年。人々がいつの間にか集まってくる焚火のように、少し寂しくなったこの町に、足立さんは村の広場をつくっている。

（2015年5月号）

営業スタイル変更／「マイマイ」は現在、毎月八〜一〇日ほど、テーマごとに組み立てた特別メニューを提供する、不定期営業のスタイル。「ディルディルまつり」、「ハノイ焼肉大会」「ベトナム地味なおかず選手権」など、店主・足立由美子さんとシェフ・深澤比砂子さんコンビによるコースは、やっぱりわくわくさせられる（インスタグラム、フェイスブックで告知）。ただいま脇役に光を当てる「スピンオフシリーズ」も画策中だそうだ。姉妹店の「エコダヘム」は金土日の昼間のみ営業。

Shop info

東京都練馬区旭丘１-76-２
㋫毎月開催するテーマ別コース営業のみ
㊎コースは6600円〜（テーマによる）
カード／不可　18〜25席
西武池袋線「江古田駅」より３分。

4月 2005年

荒井商店

僕らは同じモンゴロイド。
初めて食べるのに、懐かしい味。

食文化こそ自分たちの宝、〝持たざる者〟の武器になる。そう気づいたペルーは今や、ガストロノミーの世界をざわつかせている存在。けれど一〇年前の東京で、ペルーの食を語る者はいなかった。ましてや、アマゾンやアンデスへ修業に行く料理人など。

荒井隆宏さんがペルーへ渡ったのは二〇〇三年、二八歳のときだ。最速でも飛行機で二三時間の国。なぜ日本人が、なぜペルーだったのか。そこにはアジアからアメリカ大陸を経てインカへと移動したモンゴロイドのように、長い道のりがある。

海の町で育った少年は、アメリカでサーフィンする費用を稼ぐため洋食屋でアルバイト。覚えた料理を渡米先で振る舞うと、うまいうまいと喜んでもらえた。それが料理人になる、小さな原点。日本で料理を学び直し、東京のフランス料理店で五年。その後地元へ戻り、サーファーの店でアメリカ西海岸やハワイ、メキシコの料理を作る。

「作るからには、その土地を見たい」

メキシコ行きを決め、公用語のスペイン語を覚えようとペルー人経営の弁当屋を手伝い始めた。そう、ここでようやくペルーである。近くの大手自動車工場へ多くの南米人が働きに来ていたから、南米料理の需要があったのだ。

牛肉とコリアンダーと黄色い唐辛子なんていう、こんな組み合わせがあったのかと驚く料理。もちろん初めてなのに、どこか知っている味がした。

「僕らは同じモンゴロイド。肌の色も顔も似ています。米も食べるし、旨味を味のベースにする。懐かしさを感じるのは、きっと遺伝子が同じだから」

気がつけば、ペルー行きのチケットを買っていた。着いたところは海流のぶつかる海があり、沿岸は果てしない砂漠。内陸にはアンデス山脈とアマゾンが待つ、地球の縮図のような国。

そのうえスペイン植民地時代やアジアなどの移民によって、食文化が複雑にかけ合わされた。海側では、スペインからきたレモンを使ったセビチェ（魚介のマリネ）を日系が生魚で作り、山側ではヨーロッパ系がチーズやワインを造る。各国から持ち込まれた食材が適した環境の土地に収まり、独自の料理が育まれた。

「その郷土料理を一カ所ずつ押さえました。ペルー料理を日本に伝えるなら、知らないことはないようにしようと」

荒井さんの修業は、学ぶというより血肉を養うようなやり方である。

曲がったまな板と切れない包丁を使い、練炭を熱源にして、孤児院の子どもたちに給食を作る。川に点在するオアシスを訪ね、食堂で隣り合った人の家でまた食べる。移動中の船で一緒に釣りをして、盛り上がった地元の人からアマゾンの料理を教わる。そこで生きる人々の中にするりと入り、自分もまた生きるために食べた料理だ。

二〇〇五年四月、「荒井商店」は新橋に開店した。ペルーどころか料理店も匂わせない店名。中に入ってなお国旗もなければ、当時は地図もなかった。

「ペルーと言ったって誰もわからない時代。新橋のオフィス街で働く人たちが、あわよくば、新しい洋食屋？と思ってランチに来てくれれば（笑）」

冗談のような本気で彼は言う。

新橋はJRも地下鉄も乗り入れるサラリーマンの聖地だが、駅から一〇分歩くこのあたりにはラーメン屋と弁当屋しかなかった。「食事をしたい」層を取り込み、そして洋食屋のつもりで入った人に「初めてなのに懐かしい」ペルーの味を知ってもらうこと。それが使命だ。

夜はペルー関係の団体や旅行会社、出版社などの現地を知る人々が、少しずつ来てくれた。彼らは根強い。なかには毎日のように通うお客もいて、おかげでリーマンショックも「過ぎてから気づいた」程度で済んだ。というか、一度「荒井商店」に来た者は、たぶん一度では終わらない。遺伝子が呼ぶ味を、荒井さんは確信犯的につくっている。

「同じペルー料理でも、地域や人種の系統で変わってきます。僕は日本人のお客さんが来たら日

僕らは同じモンゴロイド。初めて食べるのに、懐かしい味。

系の味に合わせるし、ペルー人が来たら出身地を訊いて、そっちの味へ寄せていくんです」

誰に頼まれたわけでもないのに、地球の裏側で一〇年。ペルーが広がる仕事であれば、何でも引き受けてきた料理人がいる。貧しいけれど、〝だからこその元気〟を教えてくれた国のために。「なければ作る。受け身でなく攻めの精神が自分と近いのかもしれません」

モンゴロイドの眠れる記憶なのだろうか。「荒井商店」の席を埋める人々は、まるで肉じゃがでもつつくようにアヒデガジーナを食べている。遥かペルーから日本へ来た人も、新橋あたりの背広族も親戚のような顔をして、うまいうまいと喜んでいる。

（2015年6月号）

移転／二〇二三年六月を目指して、「荒井商店」は神奈川県・湯河原へ移転する（ホームページで告知）。立ち退きが言い渡され、全国の店舗つき住宅を探し、三〇坪の畑までついている物件を見つけたのだ。ペルーでも魚を釣っては市場へ売り、現金収入を得ていたほど、フライフィッシングとサーフィンが好き。荒井さんにとっては「波も川もある」最高の環境。元みかん畑の土地だから、ゆくゆくは自分で育てた柑橘、唐辛子、香草や、近郊の食材を使ったペルー料理が誕生する予定。

Shop info

神奈川県足柄下郡湯河原町城堀18-2
㊐11:30〜14:30(L.O.)、18:00〜21:00(L.O.)
㊡不定休
¥予算4200円〜　カード／可　昼・夜ともに要予約
JR「湯河原駅」より7分、箱根登山バス「湯河原町役場前」すぐ。

今日のお客さん、どんな顔するだろう？

2005年 6月

新ばし 笹田

常連客が八割から九割だという。それも、フレンチやら寿司やらの贅を尽くした強者《つわもの》が「新ばし 笹田」の白いごはんに落とされる。もちろん目当ては笹田秀信さんの料理なのだが、でも最後に現れる、どこか実直なこのごはんに彼らは何かを摑まれているのだ。

コースのみ、一万二〇〇〇円からの日本料理店である。三年半前、同じ西新橋の町内で移転し二〇坪の広さになったが、二〇〇五年の開店当時は五・八坪の超ミニマムな店だった。古い寿司屋の居抜き物件は鰻の寝床で、カウンターのみ七席。座ると背中側がすぐ戸になっていて、お手洗いには一度外に出てから回る構造。

まるで一杯呑み屋のようだが、実際、開店当初はブリ大根や枝豆や出汁巻き玉子を数百円で出す居酒屋の体《てい》。食事というより呑みに来る人がほとんどで、ごはんもメニューの片隅に「あります」という程度の存在感。

「魚沼産コシヒカリは替わりませんが、でも最初は炊飯ジャーで炊くつもりだったんですよ。だけどお客さんが少な過ぎて、ジャーで炊くと無駄になるから一組ずつ土鍋炊きにしただけ」

それでもやっていけるならよし、と思っていた。だが半年ほど経った頃、ある雑誌の記者にこう言われたのだ。

〝いいお店にいたんだから〟

笹田さんは九年、新橋にある京料理の名店で修業している。店の名はいつの間にかネットに漏れているが、しかし自ら公表したことは一度もない。その店のすべてを経験したわけじゃないから、だそうだ。彼の持ち場は脇板と焼き場。お造りや煮物は何十年級のベテランの仕事で、若手の出る幕はなかった。新規開店する居酒屋の料理長にと声がかかったとき、引き受けたのは、すべて自分でできるからだ。

「その頃、独立して自分の店を、なんて考えてもいなかったので。お金も自信もなかったんです」

ところがその気持ちが修業先の大将をがっかりさせてしまい、笹田さんは一年半後、自分の尻を叩くように独立。それが「新ばし 笹田」だ。名店の名を伏せ、妻とひっそり開店したからなのか、お客は来なかった。とはいえ借入金の返済日は毎月くるわけで、胃がキリキリと痛むようなその怖さを、彼は今なお忘れることができないという。

「東京にはいい店がいくらでもあって、いつでもどこへでも行けます。お客さまは何も言わず、突然来なくなるもの。明日どうなるかなんてわからない、そういう緊張が一〇年、毎日です」

四日連続で坊主（お客ゼロ）になったあたりだろうか。売上がないから食材を必要以上に揃えておけず、そういうときに限って立て続けにお客が来てくれたことが、一度だけある。食べて欲しい料理が出せない心苦しさ。というより、心の底から恥ずかしかった。

「こんな思いは二度と嫌だ」

そこへ、先の記者の言葉である。

二年目、「新ばし 笹田」は日本料理店として大きく舵を切った。単品をやめて五〇〇〇円と八〇〇〇円のコースのみ、背伸びしてでもいい食材を揃える。なんとかなる。いや、買ったからにはなんとかする。そうして怖がる自分を奮い立たせているうちに食材にのめり込み、気づけばオタクと呼ばれていた。

常連は、六月になれば鮎、次の月は鱧、というふうに彼の目利きを味わいに来る。たとえば鮎なら食べ比べ。全国の川ごとに、いや同じ川でも上流下流、捕る時季によっても違う、皮の香りや身質を愉《たの》しむのだ。

なんという劇的な変化。ごはんは「米と水の相性」まで究めるようになった。毎朝の築地通いで魚屋とのつき合いも一〇年以上になり、笹田さんの喜びそうな魚があるよ、と出してもらえる料理人になった。

産地にも少しずつ足を運んだ。笹田さんのオタク度が深まるにつれ、コースは八〇〇〇円〜、一万円〜、という具合に値が上がっていった。といっても「その分もっといい食材を買っちゃっ

今日のお客さん、どんな顔するだろう？

て」、結局、背伸びは常にしたままだ。

それが、店を成長させてきた。二〇〇八年にミシュラン一つ星を獲り、二〇一一年には移転を果たし、二〇一五年で一〇周年。笹田さんは八月で四四歳になる。

日本料理を志す人が減っているなか、次の人たちに伝えたいことがある。

「修業は厳しくても、好きな食材を買って、好きな料理を作っておいしいと言ってもらえる、こんないい仕事はないと思うんですけどね。今日、お客さまどんな顔するだろうって、食材を買うときなんて楽しくて仕方ない」

一〇年、キリキリするような怖さとつき合ってきた人は、板場の真ん中で一点の曇りもなく笑っていた。


（2015年8月号）

笹田秀信さんは、一九七一年生まれ。関西の日本料理店で二年弱、東京・新橋の京料理店で九年修業。居酒屋の料理長を一年半務めた後、二〇〇五年六月「新ばし笹田」開店。二〇一一年一二月移転。修業先の親方が看板を書いてくれた。今や白子筍、鮎、鱧、蟹など「この時季は笹田のあれが食べたい」と定期的に訪れる顧客が多く、これからはさらに産地を巡りたいと言う。

Shop info

東京都港区西新橋１-23-７
プレシャスコート虎ノ門１階
☎03-3507-5501
㊢18：00〜20：30（入店）
㊡日曜　祝日
¥予算２万5000円〜３万円　カード／可
カウンター８席、テーブル２〜８席（半個室）
東京メトロ「虎ノ門駅」より５分、
JR・東京メトロほか「新橋駅」、
都営三田線「内幸町駅」より各８分。

2005年 7月

すし 㐂邑

一回、逆を行ってみる。

一貫ごと、脳内で味の記憶がかき回される。知っている縞鯵《しまあじ》の食感じゃない、いわゆる甘鯛《あまだい》の味じゃない。でも、ある意味これが縞鯵であり甘鯛なのだ。

魚を長期熟成させる「すし㐂邑」。年内一杯はすでに満席という狂乱にあって、渦中の木村康司さんは、しかし波一つ立たない湖のように静かである。

「どん底を知っている強みですよね。お客さんの顔色が一切気にならない」

一〇年のうち八年は、閑古鳥だった。

寿司屋に育ち、「自分の寿司を握りたい」と二子玉川で独立した。それは祖父から続く江戸前と、仕事をしない生の魚を融合した寿司。最初は知人景気で賑わったが、時期が過ぎるとお客の数はどんどん減って、三、四年目には週三日も坊主が続いた。

今ならば、その理由はわかる。

「なんの特徴もないお寿司だったんです」

だが当時は、もがいていた。自分の好きな白身に懸ける。たとえ坊主が続いても、不意にいいお客が来たときに出せるよう、とっておきの魚を用意しておく。そして、無駄になる。

ある日、日が経ってしまった一尾六万円ほどの縞鯵を捨てようと、包丁で割った。すると脊髄《せきずい》の周りだけ身質が違う。で、食べてみた。

「香りは臭い。けど味はすごく濃い。今までの縞鯵じゃない味がしました」

なぜこうなるのか。腐る寸前がおいしいと聞くけれど、そういうこと？

思えば、これまで当然のように、魚の鮮度を保つことばかり考えてきた。

「これまでの考え方をガラガラポンして、一回、逆をやってみようと」

鮮度でなく、熟成へ。誰も歩いたことのない道ならば歩いてみよう。そう決めた彼がしたことは、まず「あえて魚を腐らせる」だ。熟成と腐敗の境界線を明確にジャッジできるよう、「こうなってはいけない」の経験値を増やすのである。

内臓はどの部分から、身はどういう状態から傷むのか。温度は、湿度は、寝かせ方は。実験を「死ぬほど」繰り返し、目に、鼻に、指先に腐敗のメカニズムを叩き込んだ。その感覚を鍛えて初めて、魚や個体差による血の抜き方、水分コントロールの仕方がわかる。

木村さんは、熟成した魚を「味が濃くなる」と表現する。単なる旨味とは違う。ポテンシャルの高い魚を目利きして、その個体に合った手当てをしながら磨き上げる味。魚の味を凝縮させ、濃密の極みへと導いていく作業だ。

となると、今度は酢飯である。

「富士酢」を知ったときにはスーツを着て、冬の京都・飯尾醸造まで訪ね、造り手の思想ごとその酢に惚れた。寿司屋では、酢を替えるとすべてが変わる。彼は数少ない貴重な常連客に「これから三年は、きっとひどいことになる」と予告した上で、振り切った。

「やりたいようにやり切って潰れるなら、後悔はないなと」

米は食感を計算して、三種を自分で配合する。塩は粗塩からフランスの海塩に替えた。そうしてやっと酢とのバランスが取れるようになったものの、「好き嫌いが真っ二つに分かれる寿司」ゆえ、相変わらず客足はジリ貧だ。

二〇一二年。蓄えは尽き、借金も限界で、暮れには店を畳むと決めた。

すると急転直下。友人が推薦してくれたテレビを観てお客が押し寄せ、さらにはミシュランで一気に二つ星獲得。熟成させた魚の寿司に、多くの人が拍手を送った。

木村さんの熟成寿司は、じつに艶《いろ》っぽい。三週間寝かせた金目鯛の身はしっとりと舌に吸いつき、二カ月近くの真カジキは熟成した肉を思わせる濃厚さ。ドレープを描くように切った蒸し鮑は、口の中で鮑の香りがぐんぐん膨らむ、空気と香りの関係を見抜いた握り。一方、烏賊《いか》は空気と食感の新世界。透けるほど薄く切りふわりと握るエアリーな寿司は、噛んだ記憶がないのにねっとりとした感覚を覚え、やがてごはんの粒々に消えていく。

一回、逆を行ってみる。

ようやくだ。一〇年、もがいてようやく常識破りの寿司が認められた。

「でも、これで止まってはいられない。今の〝熟成〟や〝寝かせた〟というお寿司の先に、何かがあって欲しいから」

彼はつまり、熟成の向こう側へ、私たちを連れて行こうとしている。

四五歳。あと五年は、変化をためらわない。そうして五〇歳からは真っ直ぐ歩きたいのだと、木村さんは言った。

いつも思い出す先輩の言葉がある。

「どれだけかけても手間はタダ」

手間とは、決して面倒と同義ではない。逆だ。やりたいことをやりたいだけできるということ。どんなにやっても、努力はタダなんだからラッキーだ。そう思うと、熟成につき合って寝る間がなくても苦ではなくなる。ほかの誰でもない、自分が決めた人生。求めることを諦めず、自分で拓いた道だから。


（２０１６年９月号）

木村康司さんは一九七一年生まれ。寿司屋に育ち、小さい頃から寿司職人になると決めていた。二〇〇五年七月「すし 㐂邑」開店。タネには鮪（まぐろ）を使わず、白身や青身魚を数日、数週間、数カ月熟成し、魚の凝縮した味、食感、香りを表現。酢飯は大きさの違う米を三種合わせ、硬めに炊いて純米酢と赤酢を入れ込むイメージ。噛んで初めて米の粒がほどけ、魚介と一体になる。日本酒、ワインとのアッサンブラージュも楽しい。

Shop info

東京都世田谷区玉川3-21-8
㊋昼は12:00〜、夜は18:30〜の一斉スタート
㊡日曜　月曜
¥コース３万3000円　カードのみ　完全予約制
カウンター９席
東急田園都市線・大井町線「二子玉川駅」より８分。

7月 2005年

カフェ マメヒコ

美しいことを、
大切にする。

「なんちゃって」をしたくないなって。

そういう熱っぽい言葉を、低めの温度で放つ井川啓央《いかわよしひろ》さんは、もともとテレビの世界の人だ。

「テレビでは、行列のできる××が求められます。テーマを掘り下げたくてもすぐ次、次になる。そうでなく〝おいしい〟の後ろ側にあること、深くて伝わりづらいところを伝えたい」

とはいえ当時の東京は、一九九〇年代からのカフェブームが終焉を迎えていた。なぜこのタイミングでコーヒーの店を？

そう問うと、だからです、と返ってきた。長い嵐が通り過ぎて、見渡せばたくさんの喫茶店が消えていた。カフェではその代わりになれない。だから純喫茶をやるなら面白い、と。

温度が少々高くなったと思ったら、そのはず、井川さんは生粋の喫茶店好きなのだった。

彼に言わせれば、純喫茶の定義はバロック音楽、禁煙、浅煎りコーヒー。そしてメニューの筆頭が、フードでなくコーヒーであること。

ただ飲食業の素人が、絶滅危惧種の純喫茶を始めるといっても銀行がお金を貸してくれるはずがない。何か一つ、強い軸がなければ人の心も動かない。

「流行り廃《すた》りでなく地味なもの、それでいて誰もやっていないこと……と考えていって、豆が見えてきたんです」

豆をテーマにした喫茶店だ。豆に特別な思い入れがあったわけでは全然ない。でも理由はある。誰もが好きと言うわりに、水で戻したり煮たりの時間がかけられず、家で作らなくなった食材。日本人にはなくてはならないのに大半が輸入品。そういう〝おいしい〟の後ろ側を伝えられる。

命名「カフエ マメヒコ」。豆＋業界用語のヒーコーである。「喫茶マメヒコ」じゃないのは豆彦さんの店っぽくなってしまうから。だけどカフェでもない、エが大文字の昔の「カフエ」だ。

その店づくりは、まるで番組や舞台をつくるようである。物件は「どんないい番組でも深夜帯では観てもらえない」理論によって、急行の停まる駅から三分以内、一階路面のゴールデン枠で探した。スタッフは「店長の顔」「天然だけど可愛がられるタイプ」といった個性でキャスティング。全員揃っての「いらっしゃいませ」よりその人らしさを生かして、一人くらい「暑いですね」と言う人がいたほうがむしろいい。

二〇〇五年七月、三軒茶屋に開店。舞台も役者も揃ったが、しかし観客が来ない。一日五人、よくて一〇人。で、根本にして大きな問題に気がついた。

みんな豆を食べないのだ。甘く煮た豆をお茶請けに出しても手が伸びない。スイーツやカフェめしに慣れた東京人にとって、炊いた豆は地味過ぎたのか。

ケーキやカレーを始めましょうよ、とスタッフ。いや純喫茶だし豆だし、と井川さん。そうして攻防戦を繰り広げるうちに、豆を使った食べものならよし、というルールができて、豆のカレーやポークビーンズが生まれた。「豆をみんなの代わりに炊く」から「豆をどう食べてもらおう?」という視点に変わって、ようやく豆が真の意味で軸になっていった。

それでも店が回り始めたのは、一年半後のことだそうだ。

「僕がやんなっちゃってからです」

いいものをつくりたいがゆえ、一〇〇%の演出をしたかった。でも、それがいけないのかもしれないと思った。

「やんなって、ああ、ごちゃごちゃ言ってもしょうがないんだなと」

かたく握った手を離すように、自分は店に立たず、距離を置いた。指示で動かすより、役者自身で考えさせる。すると事態は好転していった。

じつは開店前夜、井川さんは「マメヒコが守ること」という四つのメモを書いている。その一つが「美しいことを大切にする」だ。ふわふわした言葉だが、こう問うと人は一瞬立ち止まる。

「それって美しいの?」

たとえば花瓶に花を突っ込んでいた人が、考えて活けるようになる。単に美観の問題でなく、

美しいことを、
大切にする。

美しい仕事という哲学になる。それは「こなす」が「つくる」に変わるということだ。
カフェは自由。面白いことなら何でもやろう、の精神で一〇年。今や彼らは北海道の自社農園で、無農薬・無肥料の豆を育てている。出版、映画、演劇を自らつくってしまう。枠に収まらないというより枠そのものがない。「カフェ マメヒコ」とは、そうか、媒体だったのだ。
「面白くなければやる意味がない、継続もできない」
僕は消えつつあるものを食い止めようとしているふしがありますね、と井川さんが呟いた。何度も繰り返していた「面白い」という彼の言葉は、私にはずっと「意義」と聴こえていた。

（2015年10月号）

「カフエマメヒコ」は、豆をテーマにした喫茶店。オーナーの井川啓央さんが敬愛する札幌「菊地珈琲」の焙煎による豆を使い、井川さんのメソッドで淹れる。写真の「ほんとうに美味しいあんバタートースト」は現在終了したが、自分たちの畑で育てた豆のメニューは随時更新中。二〇二三年より、東京・銀座と兵庫県神戸市・御影に、カフェと並行してライブ・演劇・映画上映といったイベントを催すメンバーシップ制イベントカフェ「MAMEHICO」をグランドオープン。

Shop info

東京都世田谷区太子堂４-20-４
☎03-5433-0545
㊟９：00～20：00（14：00～15：00休憩）
㊡無休
㊎予算1250円～2000円　カード／可　26席
東急田園都市線「三軒茶屋駅」より３分、
東急世田谷線「三軒茶屋駅」より１分。

この度はご購読ありがとうございます。アンケートにご協力ください。

本のタイトル

●ご購入のきっかけは何ですか?(○をお付けください。複数回答可)

1 タイトル　2 著者　3 内容・テーマ　4 帯のコピー
5 デザイン　6 人の勧め　7 インターネット
8 新聞・雑誌の広告 (紙・誌名　)
9 新聞・雑誌の書評や記事 (紙・誌名　)
10 その他(　)

●本書を購入した書店をお教えください。

書店名／　(所在地　)

●本書のご感想やご意見をお聞かせください。

●最近面白かった本、あるいは座右の一冊があればお教えください。

●今後お読みになりたいテーマや著者など、自由にお書きください。

どうもありがとうございました。

郵 便 は が き

おそれいりますが
63円切手を
お貼りください。

1028641

東京都千代田区平河町2-16-1
平河町森タワー13階

プレジデント社

書籍編集部 行

フリガナ		生年（西暦）　年	
氏　　名		男・女	歳
住　　所	〒 TEL　（　）		
メールアドレス			
職業または学校名			

ご記入いただいた個人情報につきましては、アンケート集計、事務連絡や弊社サービスに関する
知らせに利用させていただきます。法令に基づく場合を除き、ご本人の同意を得ることなく他に
用または提供することはありません。個人情報の開示・訂正・削除等についてはお客様相談
口までお問い合わせください。以上にご同意の上、ご送付ください。
お客様相談窓口>経営企画本部 TEL03-3237-3731
式会社プレジデント社　個人情報保護管理者　経営企画本部長

2005年 7月

南青山

まめ

私のあんこを、
好きと言ってくれる人がいる。

東京には人が大勢いるから、私のあんこを好きだと言ってくれる人がたとえ〇・一％でもやっていけるかもしれない。という遠慮がちな発想で、大八木恵子さんは静岡から上京し「南青山まめ」を構えた。和菓子の似合う下町でなく、あえてイメージのない街、青山に。

「古典的な和菓子ではないので」

五〇歳を数えてから、和菓子職人になった人である。子どもや親のことを心配しなくてもいい、自分をいちばん先に考えていいときがきて、大八木さんはあんこを練った。修業はもとより、製菓学校にも通っていない。

でもたぶん、あんこの絶対音感みたいなものはある。

生まれは京都で、ごはんよりあんこが好き。星の数ほど和菓子を食べて、納得できる絶対的な一線と、微かな差異にも気づいてしまう力を育んだ。彼女の和菓子は誰にも習っていない分、自由。自分だけが思い描ける味へ辿り着こうとする仕事である。

「甘さで食べるのでなく、小豆《あずき》の旨味を味わってもらいたい。最後に旨味がぐっとくる感じです」

静岡時代、趣味で作ったおはぎを気に入った友人が、惣菜店へ勝手に売り込んだことから歯車が回り始めた。週二回、一日二〇個。それを食べた人が誰かに教え、日本料理店、お茶会など卸し先が増えていく。

そのうちお客さんの声が訊きたくなって、三島に「おまんじゅうカフェ まめ」を開店。二年後、和菓子店を開こうと決め、先の理由で東京を選んだ。

二〇〇五年夏。大きく商売をするつもりはないから表通りより裏路地で、と築五〇年の家を三年定期で借りた。家賃さえ払えればいい。お客が来なくて縁側でお昼寝したこともあるというほど、のんびりとした商売。最初は売れ残った和菓子をご近所に配ったりもしたけれど、それも束の間だった。

裏路地が、じつはいくつかの大きな会社への抜け道になっていたのである。ランチや通勤時間になると人がわっと現れて、彼らがおやつに、おつかいものにと買ってくれるようになった。さらに当時は雑誌や本、テレビでも「手みやげ」特集が花ざかり。すぐに取材がどっときて、これが東京かと驚いた。

そして東京の人は、移ろう。契約の三年を終えて移転先を探すとき、遠くへ行かないでという常連の要望で同じ南青山に場所を見つけたものの、開けてみれば客足は遠のいた。逆に昨年一〇月、二軒隣の角地へ引っ越すと、また新しい人が気づいてくれるようになった。青山はたったの数メートルでも生活圏が違い、歩く人が違う。

「それでも、私のあんこが好きという人がずっと残ってくれた」

「まめ」ではすべての工程が手仕事で、冷凍せずに使い切る。とわざわざ書けるほど、それは珍しいことだ。繊細で手間がかかるあんは、今や和菓子屋でも製あん会社から業務用を買ったり、自家製だとしても量を作るには機械が必要になるし、冷凍保存する場合も多い。

大八木さんは小さな厨房で、業務用には小さ過ぎる鍋であんこを作る。一回二キロずつ、洗って炊いてゆでこぼし、練る。漉しあんなら漉す作業も加わる。それを一日何度も繰り返すのである。たくさんはできないが、しかし手仕事でなければつくれない味が、つくりたい味なのだから仕方ない。

「すべてがやわらかく炊き上がらなくては駄目だし、過ぎても駄目。毎回、顔色をよーく見て塩梅を見極めます」

小豆の顔色を見て、一〇年。自分の絶対音感だけを信じて、もっとおいしく、どんぴしゃに。大八木さんの華奢な背中は台所に立つお母さんのようだけれど、漂う厳しさは職人である。あんこは男仕事。こう見えて筋肉もあるのよ、と彼女は力こぶを見せてくれた。おばあちゃんになってもあんこを練っていたいのだそうだ。

「おいしいと褒められて、調子に乗ってやっているだけ。でも私は、巡り合えたと思っています。

私のあんこを、
好きと言ってくれる人がいる。

和菓子に。自分を認めてもらえるものに」

　それは、人が生きていく糧である。

　見切り発車でも、やりたいことはやったほうがいいと若い人に伝えたい。そう言いながら彼女は、本当は、才能なんてないとあきらめていた若い頃の自分に伝えたいのだとつけ足した。もっと若いときに始めていたら、と。

「まめ」のあんこは、まぎれもなく今の彼女だからできる味である。それは百も承知の上で、ちょっと想像した。若き大八木さんならどんなあんこをつくっただろう。そして一〇年後には、どんなあんこをつくっているのだろう。

（2016年2月号）

閉店／東京で一五年と八カ月愛された「南青山 まめ」は、二〇二一年三月に閉店。大八木惠子さんのあんこを食べたい人が、最後まで行列を成した。豆大福、苺大福、黒米おはぎ、わらび餅、花びら餅など数々の名品が、彼らの舌の記憶に残っている。大八木さんは今、少し離れた町に住み、森の中で大好きな土いじりをしているそう。

素材感について。

10月 2005年

御田町 桃の木

ダチョウの卵のようなパパイヤの中に、黄金色のスープがいっぱいに蓄えられている。澄んだというより澄み切ったその清湯《チンタン》スープは、濃厚な鶏ガラだし。蒸してねっとりとした果肉を崩しながら食べると、強烈な旨い甘いが口の中で膨らんで、酸の綺麗な白ワインを流し込みたくなる。

「開店前、オーストリーのワインを試飲したらすごくおいしくて、ミネラル感や酸が絶対に中華に合うと思った。それがビオワインとの出合いです」

後に広い範囲で自然派ともくくられるビオに火が点いたのは、二〇〇六年のことである。

「御田町《みたまち》桃の木」の開店はその前年。まだ一部の愛好家のものでしかなかったワインを、小林武志さんは店の柱に据えたわけだ。自分の中華に合うという確信のもとに。

それまで中国料理店といえば、伝統料理にせよ、一九八〇年代からの流れであるヌーベルシノワにせよ、資本系の台頭が続いていた。店名＝ブランドで大箱。二〇〇席はあたりまえ、一〇〇席でも小箱といわれた時代だ。

それが二〇〇五年に入ると一気に、個人経営の小さな店が現れたのである。「メゾン・ド・ウメモト上海」「チャイニーズ・レストラン直城《なおき》」「老四川 飄香《ピャオシャン》」「礼華《らいか》」。その中で「御田町 桃の木」は広東や四川など一つの地方に特化せず、ヌーベルシノワを謳《うた》うわけでもない、ボーダーレスな立ち位置だった。

「どの地方料理かということよりも、僕は素材感を大事にしたかった」

当時、オープンキッチンにぶら下がった晩白柚《ばんぺいゆ》（文旦の一種）の皮やら干し肉やらに、お客は驚いたものだ。小林さんはスパイスも調味料も中国からの輸入品をほとんど使わず、自分で作っていたのである。特殊な素材以外、野菜も肉も国産。魚は天然物の生を求めて築地を走り回った。

「初めは、中華料理店と言うと冷凍食材使ってりゃいいだろうと仲買さんが相手にしてくれない。お寿司や和食の人に紹介してもらいながら、徐々に開拓して」

苦労していい素材を集めたら、その持ち味を生かしたい。たとえば油を媒介にする料理だから、油に別の香りをつけないよう気を配るとか、食後感が重くなるためごま油も使わない、など。

目指したのは、綺麗なワインに合う綺麗な中華。

だが、少々早過ぎた。最初の月は一二〇万円の赤字で、絶対に潰れると思った。

「ただ、あの頃はまだ新しい店を応援しようとする人たちがいました」

埋もれた原石を見つけ、足繁く通ったり知人に紹介したりして支える、タニマチ的な人々のことだ。リーマンショック前の東京にはそんな人が少なからず残っていたという話を聞きながら、昭和の時代の、血の通った店とお客との関係を想像した。

「作る」「食べる」だけではない、「つき合う」という関係。実際、小林さんは転機を迎えるたび、まずはお客に意見を訊いている。

商業ビルからの誘いがあったときもそうだ。

六本木や銀座に二店舗目、あるいは移転拡大の話。正直、「選んでいただけるのは光栄」という気持ちと、「うちっぽくないかな」という戸惑いとの間で心は揺れた。でもお客から「違うんじゃない？」と返されて、はたと自分の気持ちに気がついた。

「お客さんの顔が見える、この距離感がやっぱり楽しいのかなと。商売したいなら別だろうけど、職人だから。今日はこんな魚が入っていますよとか、そっちのほうが面白いなって」

日替わりランチをやめ、夜のコース価格を上げたのもお客の言葉が引き金だ。安いランチとアラカルトで回していく、というところから抜け出せなかったとき「いいものを作りたいなら、捨てなきゃいけないものがある」と背中を押された。結果、値を上げる分食材にも器にも力を入れて、店をより高みへと引き上げることができた。

今、三年前に改装を終えた店内には、ある顧客の書と陶芸作品が飾られている。ともに日本人でありながら、中国に認められた芸術家だそうだ。

「僕も料理で中国を超えたい」

素材感について。

日本人の自分にしかできない、素材感の中華を求めて一〇年。
ちなみに「御田町」とは港区三田の古い町名である。水質がよく、昔は伊勢神宮へ奉納する米の田があったという由来。だがそれを店名に掲げたのは「この場所で一生懸命やっていく」意思表示だそうだ。とすると、ここから動かぬ心は、はじめから決まっていたのかもしれないな、とふと思った。

（2015年11月号）

移転、店名変更／商業ビルへの出店を固辞してきた小林武志さんが、考えを一変させた理由は「風景」だった。「これまで、お客さんが見ていたのはキッチンの壁と僕の背中だけでした」。御田町から「赤坂 桃の木」へ。二〇二〇年三月三日に移転した店は、天高三メートルの窓からお濠を臨み、春には満開の桜が見える。お客により気持ちよく過ごしてもらうための移転だから、価格は据え置き、料理も変わらない。小林さんは一九六七年生まれ。調理師専門学校で八年間職員を務め、吉祥寺「竹爐山房」を経て「際コーポレーション」に入社。二〇〇五年一〇月に独立。

赤坂 桃の木

Shop info

東京都千代田区紀尾井町１-３　紀尾井テラス３F
☎050-3155-1309
㊢17:30〜21:00（L.O.）　㊡水曜　その他臨時休業あり
¥コース１万6500円〜（サービス料別）　カード／可
全20席（個室１室、半個室１室あり
東京メトロ「永田町駅」９a出口直結、「赤坂見附駅」D出口より１分。

ちゃんと作る、ひたすら作る。

11月 2005年

FELLOWS

「ご馳走ハンバーガー」なる新語がｄａｎｃｙｕに登場したのは、二〇〇五年六月号のことである。ファストフードの象徴だったハンバーガーが一〇〇〇円クラスの衝撃。皿にジェンガの如く重ねられたバンズ（パン）、肉、野菜は高さ一〇センチにも達して、「どう食べりゃいいんだ」とみんな面食らい、喜んだ。

別名・グルメバーガーとも呼ばれたこれらのハンバーガー専門店は、一九九六年の「ファイヤーハウス」から増え始め、一気に火花を散らしたのが二〇〇五年。「フェローズ」が開店したのも、まさにこの年の一一月である。

「波はきている。乗るなら今しかないと、無理矢理店を出した感じです」

黒川貴史《たかし》さんには、店を出すならここと決めていた場所があった。渋谷育ちの彼が子どもの頃から知っていた、桜の綺麗な公園脇。公園ならテイクアウトも多いだろう、車を停めるスペースもある、と具体的に考えてもいた。

そこが突然、別のハンバーガー専門店になってしまった。ショックで焦って、一カ月後には駒沢公園近くにある七坪の物件を契約。廃材を使って自分で金槌を叩き、人を雇う余裕はないから、母のい久《く》みさんを駆り出した。

なぜ、ハンバーガーだったのか。

その理由を話すと少しばかり長くなる。まず飲食とは彼にとって、人が集まる理由だった、というところから。

「高校時代、学校が終わって溜まり場に行くと、いつも誰かがいて楽しかったんです。大人になってそれがなくなるのは寂しいなって」

もう一度溜まり場をつくりたい。それなら飲食店かなと調理師学校へ進学し、ホテルで四年間フランス料理を修業。だがイタリア料理に転向しようとホテルを辞めた矢先、転職先の新店計画が頓挫《とんざ》する。

行き場も目標も失った。それからは建築業、トラック運転手、おねえちゃんのいる夜の店、カメラ屋の販売、いろいろ。

悶々の時代、それでも接客って楽しいなと思い始めていたときだ。

「カメラ屋の先輩が家に来たんで、ハンバーグを作ったんですよ。そうしたら、こんなおいしいの生まれて初めて食べたって、ものすごく喜んでくれた」

暗い海の中で手に触れた一本の命綱。黒川さんは、それをしっかり摑んだ。

片っ端からあらゆる肉を食べ、種類や産地はもちろん餌、育て方による味の違いを勉強する。焼き方も独自に試行錯誤。いろんな店を食べ歩き、世の中の味と自分の味を比べてみた。

「僕はハンバーガー屋で修業もしていない、コンプレックスしかありません。でも、ハンバーガーは自分の作ったものが一番うまいと思えた」

「フェローズ」の命は、肉である。オーストラリアの指定農場で、牧草を食べて育った牛の肩肉。ブロックごとチルドで取り寄せ、店でさばき、かなり粗く挽く。塩と黒胡椒でシンプルに味つけしたパティは、炭火焼き。ガシガシ噛めば、野性味のある赤身の旨味と炭の香りが飛び込んでくる。それを受け止めるバンズは甘味と粉の香り。やはり炭火でトーストし、表面は艶やかに、驚くほどパリッとさせる。

ただし手間がかかる分、ひとりでは一日一〇〇個作るのが限界だった。

「細く長くやっていければいい」

中が八席、外のテラスが八席の小さな店だから。

だが黒川さんのハンバーガーを求めて、次第に遠くからもお客が来てくれるようになる。家賃ギリギリは最初の一年のみ。週末は早い時間に売り切れじまいも珍しくなくなった。

七年目には建物の建て替えで立ち退き、公園を離れ表参道へ移転。元調剤薬局の三階建てで、一気に二六席に増えた。現在も開店と同時にお客が流れ込み、あっという間に満席になる。土日

ちゃんと作る、ひたすら作る。

はだいたい一時間半待ちの行列だ。

それでもパティはその日の朝に作るし、野菜は注文が入ってから切り始める。一方で、一〇年の間にパティと野菜を重ねる順番は変えている。歯に当たる順番によって、味の印象が違ってくるからだそうだ。昨日より今日をおいしく、今日より明日をおいしく作ること。

「毎日ちゃんと作って、ひたすら作って。それだけでした」

たった一本の命綱だから、離さずに一〇年。それを離したら何も残らないと知っている人は、だから強い。

続けた先に何がある？　そう訊ねると、「地元で愛される店」と返ってきた。

つくりたいのは、やっぱり溜まり場。表参道の店はキッチンが一階で、二、三階で食べるお客さんの顔が見えない。どんなに行列ができても、それが寂しいのだと彼は言った。


（2015年12月号）

一九七四年生まれの黒川貴史さんはホテルのフレンチレストランで四年修業後、さまざまな職を経て、三〇歳のときに「フェローズ」を駒沢公園近くに開店。六年後に表参道へ移転。毎朝手作りのパティ、オーダーメイドの全粒粉バンズ、ベーコンは一週間塩漬けにしたものをヒッコリーのチップで燻製に。料理人の仕事が施されたハンバーガーは、時間はかかるが納得の味。ヴィンテージ感のある内装や、母・い久みさんの目配り気配りの利いたサービスも心地いい。

Shop info

東京都港区北青山3-8-11
☎03-6419-7988
㊋11:30～15:00(L.O.)、18:00～21:00(L.O.)
日曜は11:30～18:30(L.O.)
㊡月曜(祝日の場合は翌日)
㊎予算2000円～　カード／不可
カウンター4席、テーブル22席
東京メトロ「表参道駅」より3分。

ワインと料理の、結婚十周年。

2005年 11月

ボン・ピナール

一〇年前、まだオープン間もない「ボン・ピナール」を取材したことがある。

帰り道でふと『裸の王様』を思い出した。みんなが見て見ぬ振りのおかしなことを、子どもが真っ直ぐに言ってのけた、あの話。彼らはワイン業界で、それをしたんだなぁと思った。

六本木ヒルズ「ラトリエ ドゥ ジョエル ロブション」でシェフソムリエを務めた進藤康平さんと、「ル・マノアール・ダスティン」で修業した妻の聡子シェフ。名店と名店が結婚したような店なのにワインバーのような気軽さで、会計時には計算間違いかな？と疑う価格。もちろん、うれしいほうの誤算である。

飲食店のワイン価格は、一般に仕入れ値の三倍ともいわれる。三千円なら九千円、三万円なら九万円と高級になればなるほど粗利が大きくなる仕組み。ちょっと変な気もするけれどみんなそうしているし、仕方ないのかなとやり過ごしてきたルールに、しかし夫妻は「おかしい」と声を上げた。

「商売として真っ当じゃないと思いました。東京で一〇年、二〇年と長く続けていくには信頼が、儲け過ぎないことが大事なんじゃないか、と」

「ボン・ピナール」は、三千円のワインでも三万円でも「店がする仕事は同じ」と一律の金額をいただくシステムにした。となれば高級ワインになるほどお得感が増す。同業者の風当たりは強かったが、それでも「真っ当であること」がこの時代、逆に強烈な個性になると彼らは信じた。

二〇〇五年一一月の開店当時、フランスワインの値はすでに上がり始め、代わりに手頃なアメリカ、オーストラリア、ニュージーランドなど、いわゆる第三世界ワインの勢力が拡大していた。

「でも僕はやはり王道を、フランス銘醸ワインの道を突き進みたかった」

高いワインを、では、どう手頃に飲んでもらうか。

余分なコストを削るため、駅から遠くの地下一階という物件を選んだ。いや、むしろここを目指してもらうなら広尾、西麻布、六本木からタクシーで一メーターはちょうどいい。大きなワインカーヴを造るなら、地下で上等。
港区あたりで食べたり飲んだりしているいい大人たちが見つけ、この界隈に多い大使館や外資系企業の外国人が夜な夜な通う店になった。なんせワインの価値を知る人ほど、その値ごろ感がわかってしまうのだから癖になる。

革張りカウンターに埋め込まれたデイセラーにはワインが寿司ダネのごとく並び、お客はごくりと喉を鳴らしながらそれを覗き込む。分厚いリストはあるが誰も見ようとはしない。大将に見《み》繕《つくろ》ってもらうほうが、いちばんうまいものにありつけるからだ。

進藤さんとふわっと喋りながらいつの間にかワインが決まり、聡子さんの料理は、飲むワインによっていつの間にか微調整されている。ワインと料理がテーブルの上でぴたりと重なるマリアージュ（結婚）。「ボン・ピナール」の醍醐味は、その快感かもしれない。

「今、おいしい料理とおいしいワインだけじゃ満たされない。それは誰でもやっていることで、基本の基本」

それが東京。であれば、誰にもできない何かを見つけなければならない。

二人は、休日にはお客となってさまざまな店を食べ歩き、地方に飛んで産地を巡り、感じたことを共有してきた。行く先々で出合った素材は聡子さんの料理世界を広げ、進藤さんいわく「躍動感」を生んだ。当然ワインもまたそれに刺激される。一〇年、夫妻はそうしてお互いを育て合ってきた。

その間にも、ワインの世界地図は劇的に変化した。第三世界の次は、自然派ワイン。ビオしか飲まないという新たなお客も現れたが、彼らはこう考えた。

「店にはポリシーが必要である」

基準は自然派か否かではない。自分たちが評価できるものは置く、できないものは置かない、それだけだ。

ワインと料理の、結婚十周年。

一方、中国バブルの影響で、フランスワインは高騰一直線。かつて一万円で買えた一級シャトーが一五万円になったなんてことも珍しくない。

と嘆きつつ、進藤さんはあまり動じていないように見える。訊けばこの一〇年、若いワインを買ってはカーヴで熟成させてきたのだそうだ。

「我慢して一〇年寝かせたワインは、これからの一〇年のためのもの。二〇年後に飲みたいワインもあるんです」

そうか、「長く続ける」ことは願望よりもっと強い、絶対条件だったのだ。ならば「ボン・ピナール」が面白くなってくるのは、いよいよここからだ。

（2016年1月号）

閉店、フランス移住／二〇一六年、店主の進藤康平さん・聡子さん夫妻は赤ちゃんを授かった。これを機に「ヨーロッパのさまざまな文化に触れさせたいし、僕らも触れたい」と、一家でフランス移住を決意。東京で一三年五カ月、夫婦二人で営んだ「ボン・ピナール」は二〇一九年四月に閉店。二〇二〇年の移住予定はコロナ禍で延期になったが、この二〇二三年春、ようやくブルゴーニュでの新生活が始まる。「ボン・ピナール」は会社となって、これからワインの輸出入に関わっていく。

2006年

開店

2006年の出来事

トリノ冬季五輪、
FIFAワールドカップドイツ大会
真のナポリピッツァ協会 日本支部設立
クリスピー・クリーム・ドーナツ上陸
地ビールの低迷
流行語に「格差社会」

2006年 3月

うしとら

日本のクラフトビールと
二人三脚で。

最初はただ、自分たちが「使い捨て」になりたくないと思っただけなのだ。

キャバクラの店長を務めていた二人が、「このままじゃいけない」と三〇歳を前にアルバイトからリスタート。当時流行りのダイニングバーを開くつもりが、たまたま飲んだベルギービールが好きになって、西荻窪にビアバーを構えた。世界のビールを揃えて、「白ビール飲めます」が売りだった。

ある日、お客から「麦酒倶楽部 ポパイ」の名を訊いた。樽生が何十種類もあるという。

「半信半疑で行ってみて、二人同時に顔を見合わせ、鳥肌が立ちました」

圧倒的にうまい。空冷システムって、ハンドポンプってなんだそりゃ？ わかったのは、自分たちが何も知らない、ということだった。不躾《ぶしつけ》を承知で店主の青木辰男さんを質問攻めにすると、彼は初対面の同業者に惜しみなく教え、そして迷っていた背中を押してくれた。

二〇〇六年、こうして下北沢にオープンしたのが、日本のクラフトビール、当時の言葉でいえば〝地ビール〟を中心としたビアバー「うしとら」だ。店主の二人、吉田伸右《しんすけ》さんは丑年、寺崎《てらさき》晶王《あきお》さんが寅年だから。

その頃、日本の地ビール市場はどん底だった。一九九四年の酒税法改正で爆発的に増えた小規模醸造所は、おみやげのご当地ビール的なものが多く、質が追いつかないまま人気も急降下。全国で醸造所の閉鎖が相次いだ。

厳しい淘汰《とうた》の中、けれど生き残った造り手たちは向上心をもって力を蓄えていたのである。丑寅コンビはビアフェスに行ってそういう造り手を見つけ出し、その仲間を紹介してもらって一人、また一人……と、開店時には二〇の醸造所が集まった。

場所は音楽と演劇の街、ちょっとアンダーグラウンドな下北沢。路面じゃなくて二階、しかもビルの裏手で隠れ家に最高！のはずだった……のだが、せっかくハードルを越えて辿り着いた人も、「ビールばっかり」と知るや帰ってしまう。

暇すぎる半年。でも吉田さんは他人事のように笑って言う。

「その時期、なぜか二人ともパチンコの玉がよく出たんですよね」

暇だが、ただしお客がまったく来ない日は、一日もなかったそうだ。なぜなら、ゼロになったらやめる覚悟で店をもったから「来てくれるまで開けていたんですよ」とまたまた笑うのだが、つまりは背水の陣だったのだ。

看板の灯りが点いていることが宣伝になる、と彼らは一年間無休、夕方五時から明け方五時まで営業。ミクシィでビールのコミュニティを探し出し、その輪に参加した。

すると下北沢の外から、ビール好きが「うしとら」を目指して来るようになる。世界的に見ればクラフトビールの波はきていた。日本にも、小さな芽が生まれつつあったのである。

じつはこの期《ご》に及んでなお、捨てられないものがあった。焼酎ブームゆえに焼酎も、バーだからカクテルも。

でもここで踏ん切りがついた。

「クラフトビールという新しい飲みものを、知ってもらうのが僕らの仕事」

これまでのビールと何が違うのか。初めてのお客にはまず、「香りを嗅いでみてください」と伝える。一口含んで、酵母の香りやホップの苦味といった「原料」を感じてもらうこと。そうして〝喉越し〟とは違うビールの愉しみを、教えるのでなく知ってもらう。

そういうビールだから、料理も冷凍や既製品でなく手作りがいい。とはいえ調理技術はないから、質のいい食材を取り寄せ、シンプルに。

三年目、満席で店がパンパンになり、同じ階に弐号店を開店。六年目には自分たちでビールを造ろうと動き始め、二〇一四年一〇月、栃木に「うしとらブルワリー」を開いた。しかし今の醸造責任者、植竹大海《ひろみ》さんは、海外の醸造所へ移ることが決まっている。

「うれしいことです。彼が海外で活躍する姿を、僕らも見たいから」

日本のクラフトビールと
二人三脚で。

日本のクラフトビールと二人三脚で、一〇年。この間に、「地球温暖化レベルのとてつもないスピード」で隆盛のときがきた。地ビールはクラフトビールと呼ばれ、世界が認めるメイド・イン・ジャパンが次々と現れた。醸造家になりたいという若者も育っている。

かつて、このままじゃいけないと思った二人は、ビールという授かり物を真面目に追いかけた。

「人生として、楽しいですよね」

なんのためにこの仕事をしているのか。その答えを得た人は、後に続く人たちの目標になっていきたいと言った。

（2016年3月号）

移転／二〇〇六年三月に開店した「うしとら」壱号店は、一〇周年イヤーの二〇一六年一二月、同じ下北沢で移転した。二〇〇九年七月、旧壱号店の二軒隣にオープンした弐号店は同じ場所で健在。二〇二〇年七月には、渋谷・ミヤシタパークの開業とともに「うしとらSTAND」も開店している。栃木の醸造所「うしとらブルワリー」は今年で九周年を迎え、これまで醸造したビールは七〇〇種類を超えた。

Shop info

東京都世田谷区代田6-3-27 アゼリアハウス1階
☎03-3485-9090
㊫16:00〜23:30、土日祝は12:00〜
㊡月曜　第二・四火曜日（祝日の場合は営業）
㊎予算3500円　カード／可
カウンター14席、テーブル20席
小田急線・京王井の頭線「下北沢駅」西口（北側）より1分。

なんかおいしいね、
明日も食べたいね。

2006年
4月

ハリッツ

ささやかな看板が、唯一の道案内。見逃しそうな小道の古い一軒家を選ぶ、それが彼女たちなのだな、と思う。

二〇〇六年四月、代々木上原に開店した「ハリッツ」は、堺一記《いっき》さん、豊田春菜さん姉妹が営むドーナツとコーヒーの店。というより、家。格子戸をガタガタ引くと、玄関先でまぁるいドーナツたちがお行儀よく待っている。

「二人で」「パンかお菓子のお店を」が出発点だった。だから姉の一記さんはパン屋で修業したのだが、設備投資も要ればたくさん焼くのも難しい。ほかにコーヒーに合うものは？と考えたとき、パン屋であんドーナツが人気だったことにピンときた。

「揚げたパンはみんな好きだよね」

で、焼かずに揚げる、ドーナツ。まずは二〇〇四年からワゴンにのせて移動販売するも、場所を動くからお客がつかず、怖い人も来る、と駐車場で固定販売。順調に売れたが、一年後、近くの会社の移転で常連もごそっといなくなる。

もう駐車場より物件を探そう。当時住んでいた三軒茶屋は家賃が高くて見つからず、自転車圏内の代々木上原へ。「行ってみようか」「一軒家もいいね」なんてふわっと寄って、初めての不動産屋で紹介されたのがこの家だ。築三〇年と古いけど、大事に住んでいたのだろう。柱も綺麗だから、畳を板張りに、壁を漆喰《しっくい》に塗り替えるだけでよかった。ちなみに姉妹のＤＩＹだ。

二人は朝四時から三〇〇個分の生地を仕込み、八時から一九時まで一一時間営業。すると一日一日疲れが溜まり、そのうちお互いピリピリするようになってしまった。二人同時に「やめようか」と言い出したのは、三年目だ。

姉妹の母や夫たちは「営業時間を短くして、休みと人を増やしては」と助言した。もっともな意見で、二人だってそれは考えたのだ。でもどうしても、一度決めた営業時間を変えたくない、とがんばり通したのには理由がある。

「移動販売のとき一日休んだら、毎日来てくれていたお客さんが二度と来なくなったんです。それがトラウマで」

ワゴンだから張り紙もできなかった。でも、お客にとって一度はすべて。自分たちの都合で変えることは、裏切ることになるんじゃないか。

苦しんだ末、「やめるんだったら、休んでみれば」という言葉にやっと心を動かされた。無理をしては続けられない。それは、無理をやめてみなければわからなかったことだ。事実、ちゃんと休むようにしたら一日四〇〇個分、仕込めるようになったのだから。

それでも、売り切れてしまう日は多い。開店年の一二月は、ちょうどアメリカの「クリスピー・クリーム・ドーナツ」が上陸して、東京がドーナツブームに突入。食べ比べるため「全種ください」というお客が増えて品切れに拍車がかかり、怒る人も現れた。

「私たちは機械で作るわけじゃないから大量にはできません。でも、一個のお客さんが買えなくなるのも違うと」

混雑具合をみて個数制限をすることもある「ハリッツ」は、間違いなく人気店である。だが、波はある。毎年四月になれば子どもの送り迎えに寄っていた親子が卒業でいなくなるし、転勤、引越、会社の移転でも住宅の町は動く。それに夏は「揚げたて」に不利だ。

「けど無理に夏のドーナツを考えるのも嫌なので、作る数を減らすだけです」

二〇一三年、「ハリッツ」は縁あって台湾に二号店、三号店を出した。一記さんの夫が会社を辞めて、姉夫婦が台湾担当。一方、春菜さんの夫も仕事を辞めて、妹夫婦で東京担当。

波があっても、あっちとこっちに分かれても、無理せず一〇年。姉妹の店は、家族の店という一回り大きな輪になった。

春菜さんいわく、ドーナツは単純。形もレシピもシンプルで、「ハリッツ」のそれも特別なものじゃない。ただ、見極めが難しい。基本のレシピはワゴン時代に完成されてからほぼ変わらな

なんかおいしいね、
明日も食べたいね。

いが、作る度に微妙に違うのだそうだ。だから作っても、食べても飽きない。

揚げたてのドーナツは、赤ちゃんの肌のようにふわっふわ。齧《かじ》るともちっとして、穏やかな甘味が残る。誰かが「東京で一番」と言っていたと伝えると、春菜さんはペコリと頭を下げて、でも……と小さな声で続けた。

「ドーナツって、一番とかじゃない気がして。なんかおいしいね、明日も食べたいね、くらいがちょうどいい」

今日もまた、引き戸のガラスがガタガタ音を立てる。私の前にはチョコかきなこで悩むおじさん、後ろには小銭を数えるおじいさん。売り切れを心配して駆け込んだのは、いつも一個ずつ買うらしき女子学生。ドーナツの前では、みんな平等。一五〇円で毎日、誰もがピースフルになる。

（2016年4月号）


働きながら二人でパン教室へ通い、退職後、姉の堺一記さん（写真左）はベーカリーでパンの仕事を、妹の豊田春菜さん（右）は移動式カフェ「モトヤエクスプレス」で移動販売とコーヒーを学んだ。二〇〇六年四月に「ハリッツ」開店。現在は一個二二〇円から。ドーナツは全約二五種、そのうち定番五種＋日替わり四～五種（二二〇～三六〇円）の揚げたてが店頭に並ぶ。

Shop info

東京都渋谷区上原１-34-２
☎03-3466-0600
㊐10:00〜16:00、土祝は11:30〜
㊡日曜不定休
㊉予算イートイン590円〜　カード／可
小田急線・東京メトロ「代々木上原駅」より２分。

2006年
4月
天★

あいつがいるから俺がいる。

そうか、ここは日本酒部の部室だったのだ。と謎が解けた。

百戦錬磨の酒ジャーナリストや酒編集者が、なぜ東高円寺を目指すのか。ビール瓶ケース、通称P箱をひっくり返して座布団をのせただけの椅子に腰掛け、銘柄でなく「こんな感じ」と暴投しては、店主の早坂登志男《としお》さんがカキーンと打ち返す球を喜んで呑む。

部活なのだ。正直入りづらい入口だが、そこを越えて来る新入部員には、先輩も部長も案外優しい。誰に強制されたわけでもなく好きで入部した者が、暗くなってもやめられないキャッチボールのように、中二的純粋さで日本酒の世界に夢中になれる。それが「天★《てんせい》」。そういえば板壁にマジックで書かれた造り手の名や台詞も、サインというより部室の落書きっぽい。

「仕事、料理。趣味、料理。どこまでいっても自分は、酒が好きな料理人」

一五歳から修業を始めた早坂さんは、板前歴二七年。家の事情で高校進学は諦めたけれど、ならば「同級生が高校・大学に通う七年で差をつける」を自分に課して青森から上京した。七年後の夏、二三歳で料理長に。この間に日本酒を好きになって、今度は「居酒屋で独立」を目標に、個人店で働いた。

だけどいくらがんばっても、東京で開業するにはお金がかかり過ぎる。両親という後ろ盾もない自分には、到底無理か。そう思えて、腐りかけた。

五十嵐哲朗《てつろう》さんと出会ったのはその頃だ。ある日本酒の勉強会に参加したとき、そこに神奈川県・熊澤酒造の社員蔵人から杜氏になったばかりの彼がいた。

二七歳。同い年だった。

「自分と同じ年、この若さで杜氏をやっている人間がいるなんて」

早坂さんに、スイッチが入った。

勉強会の主宰者である酒販店主の「僕らは利く酒でなく、呑む酒を扱う」という言葉に倣って、試飲会でも、利く酒は全部呑む。同業者の世間話や写真撮影はすっ飛ばし、ひたすら酒の味わいと、料理との相性に集中した。

　話し相手は、いつも五十嵐さんだった。飲み手のこと、自分たちのすべきこと、日本酒のこれからのこと。杜氏とはいえ新米の五十嵐さんもまた、もがいていた真っ最中。二人はともに悩み、ともに奮い立ってきたのだ。

　そうして二〇〇六年、カウンター八席、開店資金三〇〇万円という低予算ながら、早坂さんは東京で店をもった。

「彼がいたから今がある。だから店名は〝てんせい〟という響きにしたい」

　五十嵐さんが杜氏になって立ち上げた日本酒の銘柄が「天青《てんせい》」。

　こちらは青《せい》を星に、さらに★へと換えて「天★」。

　開店初日、届いた花輪は酒販店からの一台。でも、カウンターには「あいつ」が座っていた。

「通りがかりの人が手探りで入ってくる状態で、店の中がしーんとして（笑）」

　なんて一〇年後、笑って話せるとは想像もできなかった第一歩。資金が尽きるのが先か、お客がつくのが先か。

　ひりひりするような毎日を変えてくれた人物には、しょっちゅう店を貸し切って応援してくれた蔵元がいる。記事を書いてくれた酒ジャーナリストやカリスマブロガーもいる。だがその陰で、開店告知に手が回らない店主を心配した五十嵐さんが、自分の全・日本酒人脈にそっとメールを出していた。

　とはいえ彼ら応援団を興奮させたのは、やはり、ほかならぬ早坂さん自身である。

　繰り返すが部室のような店構えからは想像できない、いやそのギャップが感動的ですらある料理と、料理の味をかけ算にする日本酒のセレクトだ。現に「天★」の本誌初登場は、二〇〇九年のおつまみ特集。お金をかけな過ぎる部室は、できる限り、部費は料理だけに注ぎたいという意志だったのだ。

あいつがいるから俺がいる。

四年目には隣との壁を抜いて店を広げた「天★」だが、早坂さんはこの四月、再び壁を閉じてカウンターだけの店に戻すことを決めた。

「より丁寧で濃密な仕事をするために。次の一〇年に向けての挑戦です」

五十嵐さんもまた、前進している。この号が出る頃には、茅ケ崎市初の酒米による日本酒が完成しているはずだ。「天★」と「天青」の一〇年。必死な者同士、独りの強さで、二人でなければ辿り着けない高みへ向かう。

ところでなぜ、店名を「天青」そのものにしなかったのか。

どちらかが倒れたとき、もう一方に迷惑をかけてしまうから、だそうだ。まだ二人ともよちよち歩きの時代に、彼らは相手の未来を思い遣った。

「友達に迷惑をかけないのが友情だ」

そうマルチェロ・マストロヤンニが語るイタリア映画を思い出した。


（2016年5月号）

閉店、移住／「将来は会津で、泊まれる居酒屋を営みたい」と話していた早坂登志男さんは、本当に南会津へ移住した。「天★」の丸一二周年で物件の契約が切れ、東京で店を続ける、という生き方が見えなくなって部活の日々は終了。二〇一八年からは好きな蔵元、福島県・花泉酒造で日本酒造りをしている。麹屋を担当して五年、日本酒は底知れない。築一五〇年になる古民家をDIYで手直ししながら、畑での野菜作り、春は山菜、夏〜秋はきのこ狩り。今は、生きるという営みをする日々。

2006年 5月

京橋屋カレー

どこにもないものをつくりたい。

こんなことを書くと叱られそうでびくびくだが、取材をして「B型かも」と思う人がいる。神がかったような整理整頓をする人だ。A型の整頓が「そうしなくちゃ駄目」という責任感の発想であるならば、B型のそれはただただ「自分の気持ちよさ」の追求。だから妥協がなく、神がかる。

という仮説を、「京橋屋カレー」でまた確信してしまった。喫茶店のキッチンより狭い厨房の棚に、ラップに包まれた色とりどりのスパイス。そのぴっちりとした包み方、法則性のある積み重ね方に、ただならぬ意志を感じた。

飯島未知了《みちお》さん、B型。小さい頃から飲食の仕事が心にあった。だが大人になって就いたのは、さまざまな業種のデザインからブランディングまで手がける仕事。店の立ち上げにも関わるうち、三〇歳を過ぎたとき「人の店でなく自分の店を」と開業を決めた。カレーを作りたかったわけじゃない。飲食店を、つくりたかったのである。

料理修業をしていない三〇代半ばが、今からできる飲食業は何か。

比較的脱サラ組も多い蕎麦も考えたが「蕎麦屋をつくるなら庭から欲しくなる」と断念。技術や予算やあらゆる条件をクリアしたのがカレーだった。

そうと決めたらまずはカレー屋巡りに走りそうなものだが、彼は一番にスパイス屋を回り始めている。画家になりたい人が、他人の絵を観るより先に絵の具を探しに行くような感じだろうか。スパイスを学ぶ過程で何軒かのカレー屋に行ったりレシピを見たりもしたけれど、市場調査的に確認しただけ。

「(他人がつくった)レシピを突き詰めても、人真似になるだけです」

誰かの足跡には興味がない。無から有をつくりたい。どこにもないものをつくらなければ、自分の店をつくる意味がない。そうして独学で〝スパイシーチキンカレー熟成〟が完成したとき、これはうまい、と自分の合格が出た。

二〇〇六年五月、「京橋屋カレー」が開店した京橋は、首都高速道路を挟んで銀座と隣り合う一大オフィス街。これだけ人が多いなら自分と同じ味覚の人もいるだろう。というか、味覚の合う人だけに絞り込もうと、振り切った。

「自分が食べたいものを作って、それを食べたい人に食べてもらいたい。選択肢がなくて仕方なく来る人は、この店にはいないという設定です」

開店当初は一一席。それでも昼夜、無休で働いていたら体がボロボロになってしまった。土日を休んで、三年目からは昼一一時半から一五時までの営業に。それでもまだ時間が足りなくて、先の〝スパイシーチキンカレー熟成〟は泣く泣くやめた。スパイスオイルをつくるだけでも二時間つきっきり。玉ねぎも二〇%に凝縮するまでひたすら炒め。鹿児島の温泉水を取り寄せるなど材料費もかさむうえ、労働時間を考えたら二八〇〇円の値段でも見合わない。

カレーはたった三種類なのに、なぜそんなに時間がかかるのか。彼が、仕込みという名の研究実験を一〇年間、ずっと続けているからだ。

自分で見つけたスパイスを、噛んで、擂《す》り鉢で潰して、ミルで砕いて、火を通して、一日置いて。産地の気候風土も想像しながらイメージを創っていく。そんなふうに絵の具を自分の感覚で混ぜながら、絵を描いてきた。

そしてまた、イメージは更新される。

たとえば初代キーマは大量のカルダモンを投入し、清涼感でぐっと引っ張るイメージ。アミとピーナッツ、鶏挽き肉の時代もあったし、現在は再び初代ベースのバージョンアップ版に。

「食材は、今日おいしくたって明日も同じ状態とは限らない。そのなかで、イメージとの違いをどう埋めていくか」

そんな作業を毎日続けてきた。昼の営業が終わってから夜遅くまで、鼻や目が痛くなるほどのスパイス香にまみれながら、飯島さんはカレーを煮込む。ひたすら自分の気持ちよさに向かって。

どこにもないものをつくりたい。

誰の基準でもない、自分の基準で、一〇年。店づくりのプロジェクトは、彼自身が納得できるまで、サグラダ・ファミリアのように完成されることがない。

「まだ全然しっくりこない。やりたかった感じじゃないから、やめられない」

平日正午。ビルの裏側から階段を上がった店の、狭いカウンターに背広族が四人。蛭子《えびす》能収《よしかず》の漫画みたいな汗を、頬に、額に、ネクタイを緩めた襟元に流しながら、ふーふーカレーを食べている。煙草、お喋り、料理以外の撮影禁止。やや細かいルールを守って黙々とかき込む彼らは、店主の研究実験を知ってか、知らずか。カレーもごはんも食べ切ったら、ハンカチで汗を拭きながら、午後の会社へと戻って行った。

（2016年6月号）

店名、営業スタイル変更／二〇〇六年五月開店。当初の正式名は「東京 京橋大根河岸 京橋屋カレー」、略して「京橋屋カレー」。二〇二一年から「東京京橋屋カレー」に変更。未知なる世界観をもつカレーは、産地・素性の明確な食材を使い、無添加で作られる。制限食、グルテンフリーなどもよりいっそう追究。現在、イートインではなく持ち帰り用お弁当の販売と、冷凍カレーの通信販売が中心。ただし不定期で、一人のみ入店の営業を行う場合もある（最新情報はツイッターを参照）。

東京京橋屋カレー

Shop info

東京都中央区京橋３−４−３ 千成ビル２階
☎03-5203-2810
㊔11:30〜14:30、土曜、祝日は12:00〜
㊡日曜　月曜
㊎予算1800円〜　カード／不可　６席
東京メトロ「京橋駅」より２分。

5月 2006年

焼鳥 今井

今この瞬間の熱で、
どう焼くか。

八年前、初めて取材したときの今井充史《たかし》さんはTシャツが似合う人だった。

千駄木《せんだぎ》、団子坂《だんござか》を脇に折れた小路に「焼鳥今井」を構えて二年目。ガラス越しに見える彼は、一〇席のL字カウンターにがっしりした体を収め、炭火を熾《おこ》している。営業中は気のいいあんちゃんなのに、開店直前に炭を組み替える顔は真っ赤で、目は阿修羅。対する炭もマグマ色の熱を蓄え、怒っているかのようだ。怖くて誰も近づけない、と本人も自覚していた。

「昔は、こうあるべきという気持ちが強かったんです。全部完璧に調えたかった。でも自分がピリピリしていてはお客さんに伝わってしまいますよね」

Tシャツからぴしっとした白衣に替わり貫禄が出た今は、穏やかな目で炭の表情を見ている。だが、顔が真っ赤なのは変わらない。生の火はエネルギーの塊。毎日ふらふらになるほどの熱量に、彼は一〇年、対峙してきたのだ。

二〇〇六年。「地に足をつけて生きたい」と流行の街ではなく、古い街を選んだ。何より木造家屋や路地が残る風情。食べ終わった後のお客が、余韻を味わいながら気持ちよく帰れるから。

当時は五串一五〇〇円の「お決まり」、飲んでも三〇〇〇円台の店。でありながら地鶏を、それも餌や飼育から選んだものを使うなど原価が高過ぎて、満席なのに常に赤字。原価を落とせば？と周りに言われたが、むしろ今井さんは「質が落ちたらすぐわかる人」に向けて焼いている。そこで少しずつ値上げすると、二〇〇円でも、その度にお客は離れた。

東京では、入れ替わりで別のお客が来てくれる。それでもせっかく馴染みになった人が来なくなるのは、やっぱりつらい。同業者にこぼすと「まずは店を続けること」と教えられた。腹をくくり、ようやく赤字がなくなったのは五年前だ。

「お決まり」は現在、六〇〇〇円のコースになった。その焼鳥は食感や味の濃淡を計算した、流れがつくるおいしさである。

焼鳥？　いや、料理だ。焼く前に一刷毛《はけ》塗ったシェリーヴィネガーの酸味を、旨味に変えるポイントの狙い方。焼いて休ませる肉の火入れ。バルサミコ酢は熟成年数と醤油との相性を見極め、海塩は粗・細粒まで使い分ける味のつくり方。

炭火の状態は日々刻々と変わり、鶏肉にも個体差がある中、どんな条件下でも焼き上がりを一定にもっていくのが焼鳥職人だとしたら、今井さんは少々違う。

「今この瞬間の熱で、今この状態の食材を、どう焼くか。僕は同じものは作れないし、作ろうとも思っていない」

一時はプロを目指したブルース・ギタリストの血だろうか。言うなれば彼は、ライブのアドリブ演奏をしているのだ。飲んでいるお酒に合わせて串の順番を変え、塩の強弱をつけ、お客との波動でドラマをつくる。「焼鳥 今井」の一〇席には、だから感動がある。

この独特の焼鳥観は、ジャンルを超えた料理人たちから学んだことだ。

じつは今井さんには、修業先以外にも心の師匠と呼んでいる店がある。天麩羅「てんぷらみかわ」、寿司「新ばし しみづ」、フランス料理「コート・ドール」、草喰《そうじき》料理「草喰なかひがし」、焼きとん「埼玉屋」。独立後もたびたび通い、自分で自分に問い続けた。

「この料理のどこが好きか、なぜ好きか、それは何から生まれるのか？」

赤酢の利いた寿司では、「僕はメリハリのある酸味使いが好きなんだな」と気づいた。フレンチの、繊維を感じさせつつしっとりと火入れした雉《きじ》には「自分が目指すのは脂のジューシーさじゃない、この火入れだ」と確信した。

変化を怖がらない探究心が、彼自身を育て続けている。多くの焼鳥屋は鶏を固定したがるが、今井さんは何度も品種を替えてきた。調味料の種類や配合も、塩のあて方も日進月歩。東京の食いしん坊たちはこの探究心を食べるため、千代田線に乗るのである。

絶えず変わる人は女の子にも飽きっぽいとお客さんにからかわれて、なんて今井さんは笑うが、一〇年、一途なものがある。日本酒「竹鶴」だ。

今この瞬間の熱で、
どう焼くか。

「最初に飲んだとき、グッときたんです。存在そのものが心を打つ、胸が締めつけられるようなこの感覚は何だろう？と。その感覚は今も変わらない」
四三歳。今井さんの言葉はいつも、なんだか無垢なのだ。これからの話を訊ねたときもそう。人を育てたい、という答えより、その動機である。
「僕に足りない何かがあるなら、それを乗り越えてみたい」
人を育てるための店をつくるかもしれない。それは焼鳥屋っぽくないかもしれない。できれば、千駄木の店も残したい。迷いも希望もあるけれど、いつか辿り着きたい場所は見えている。店主の生きてきた道のりそのもの、そういう店をつくりたい。

（２０１６年７月号）

移転／今井充史さんは一九七三年生まれ。音楽活動と並行して飲食店で働き、二九歳から北千住「バードコート」、銀座「バードランド」ほかを経て独立。二〇〇六年に開店した千駄木「焼鳥今井」は、二〇一六年一一月に外苑前へ移転。一〇席から三〇席となった。二〇一八年一二月、隣に「とんかつ七井戸」を開店。今井さんはこちらに立ち、「焼鳥今井」ではあえて裏方に。営業を六名のスタッフに委ねながら、店のため、彼らのために「もっと何かできるんじゃないか」ともがいている。

Shop info

東京都渋谷区神宮前３-42-11 ローザビアンカ １F
☎070-8397-7655
㊇17：30〜21：00（L.O）
㊡土曜　日曜
㊎コース8000円、9500円　カード／可
カウンター30席
東京メトロ銀座線「外苑前駅」より６分。

変わらない、変えない、変えたくない。

2006年 6月

ヴォーロ・コズィ

澄んだ瞳は、何年経っても澄んでいた。ソフトモヒカンの髪型も、細いが鋼《はがね》のような体躯《たいく》も、規則正しい生活も、一〇年変わらない。もとい、変えない。

「生活の何か一つでも変えてしまうと、イタリアと違っていく気がして」

「ヴォーロ・コズィ」オーナーシェフ、西口大輔さんの言葉は、それを畏《おそ》れているようにも響く。

毎日現地の友人に国際電話をかけ、厨房に流すのはイタリアのラジオ、聴くのはイタリアの音楽。朝は八時半から、夜はみなを先に帰して深夜の厨房に残り、定休日には料理教室。数年前、従業員のために六時半出勤を二時間遅くしたのだが、変えたのはそこだけだ。

お休みがないじゃないですか、と私が驚くと、「夏と冬に一〇日ずつ、少なくともどちらか一回は必ずイタリアに行くので」と、まるで贅沢でもしているかのように恐縮そうな顔をした。

他国の料理を伝えるからには、正しく伝える責任がある。という志はわかるが、それにしても西口さん最大の謎は、どうしてそんなにイタリアを好きになっちゃったのか、だ。

「もともとは外国人の友だちをつくりたいと。それは小さい頃からの夢でした」

料理で外国に行こうと思った。最初はフランスを目指して、でもその修業中、かけもちでアルバイトしたトラットリアでイタリアを知ってしまった。

一九八〇年代末の東京は、イタリアンブーム爆発寸前のエネルギーを溜め込んでいた時代だ。初めて出合うその国は、人も料理も自由で人懐っこくて、何より長い歴史の中で受け継がれてきた料理に誇りをもっている。

そこに惹かれてローマ伝統料理店「カピトリーノ」の門を叩いたが、じつはここで、彼は料理をしていない。いわく「厨房に立って見ていただけ」で一年八カ月。何もできないまま店を辞め、お金を貯めて飛行機に乗った。だから実質、言葉も料理も現地で覚えたと言っていい。

それから北イタリアだけで、延べ九年。一度は帰国して代々木上原「ブォナヴィータ」でシェフを務めたが、「自分にはまだ足りないものがある」と再びイタリアの北へ。二度目は修業でなく、ロンバルディア州パヴィアの一つ星「アル・ムリーノ」のシェフとして、彼は厨房を五年間引っ張ってきた。

自身の店「ヴォーロ・コズィ」を開いたのは二〇〇六年六月。文京区白山は、ゆったりとした道路に新緑の並木が連なる、東京の雑音をシャットアウトしたような町だ。独立独歩の人によく似合う。そう言うと、ここに決めたのは、一五年続いた元フランス料理店の物件があったからだと返ってきた。

「店主が変わらず、長く続いた店がいい。時間を重ねた空気感があるから」

多くの人は厨房機器も家具も新しい物件を借りたがるものだが、西口さんの選び方はどうも文脈が違うようだ。いい匂いのしみ込んだ板壁の色、ベンチシートの気品、建物自体に刻まれた記憶。一目見てパヴィアの店に似ていると思った、そっちのほうが大事。

古い店の時間をつないで、一〇年、彼はイタリアで教わった料理だけを作ってきた。代々木上原時代から数えればもっと長い年月、同じ料理を繰り返し、繰り返し。東京のイタリア料理がいかに激動しようとも、「変わらない」という道を独り歩いてきた人。

正確に言えば、変わらないことで、より深くなっていく道だ。

「作り続けていると、昨日わからなかったことが今日わかったり。何年か後にはもっと上手になっていると思う」

どの皿も、途方もない時間をかけてできる味である。マリネは三日漬けなければ味がなじまない、火を入れた肉を「休ませる」には一晩かかる。そういうもの、という道理につき合う料理。ゆえに人生の大半を厨房で過ごすことになる。周りからはそんな生活じゃ駄目だと叱られるけれど、やはり変えられない、変えるわけにはいかない。

だってイタリアがそうしていたのだ。トレヴィーゾのジジェット氏、ミラノのサドレル氏、そしてパヴィアのオレステ夫妻。修業先の師もまた、起きている間はずっと仕込みをしていた。

変わらない、変えない、変えたくない。

「人様に料理を作るという仕事は、衛生面を含めさまざまに気を配りながら、かけるべき時間をかけること。そういうイタリアのホスピタリティを、僕はこの店で引き継いでいきたい」

彼にとってイタリアは、母だったのだろうか。何も持たなかった自分に、シェフという人生を授けてくれた国。

なぜ、こんなに好きになっちゃったのか？

もしも母ならば、理由なんてない。ありがとうの言葉を、彼はただ、作り続けることで還している気がする。

（2016年8月号）

「ヴォーロ・コズィ」とはイタリアの歌の題名で「こんなふうに飛ぶ」の意。西口大輔シェフは一九六九年生まれ。一九九三年よりトレヴィーゾ「ダ・ジジェット」、ミラノ「サドレル」ほかで約三年修業。一九九六年、代々木上原「ブォナ ヴィータ」シェフに就任。二〇〇〇年に再渡伊。パヴィア「アル・ムリーノ」で五年間シェフを務め帰国。すべて北イタリア。二〇〇六年独立。初期は兄の達浩さんが、現在は妻の安菜子（あさこ）さんがサービスを担当している。

Shop info

東京都文京区白山４-37-22
☎03-5319-3351
㈽12：30～13：00(L.O.)、18：00～20：00(L.O.)、火曜は夜のみ
㊡月曜　火曜不定休
㊎コース昼5500円～、夜9900円～（サービス料10%）　カード／可
昼６組、夜５組のみの営業のため要予約
都営三田線「千石駅」より５分。

さあ、自由な
ワインの世界へ。

2006年
9月

トロワザムール

感動。この言葉が、取材中に何度も繰り返し語られた。心が揺さぶられなければ何も始まらない、始められない。自然派ワインと呼ばれる今や大きな潮流は、そういう個々の感情の、小さな波しぶきから始まったのだなと思う。

山田恭路《きょうじ》さんがワインを覚えたのは、バブルとグルメの一九八〇年代後半だ。グラン・ヴァン（長期熟成や特級畑などの高級ワイン）からカリフォルニア、新世界。講師になるほど学び、現地も回った。だが、気づけば心が動かなくなっていた。

南仏で想像を絶する造り手と出会ったのは、この頃だ。草ボーボーの畑は除草剤を使わないのだという。無名の蔵なのに、ワインは濃縮感がありつつとろけるよう。

ブドウが生きている、と感じた。

「こんな畑見たことがない、こんなワイン飲んだことがない。全然わかっていなかったじゃないかと一気に壊されました」

止まっていた心が、再び動き出した。

フランスでも「ヴァン・ナチュール（自然派ワイン）」なる単語は聞かれなかった一九九七年、山田さんは化学肥料や農薬、添加物に頼らないワインの輸入を始める。日本に至っては「濃い赤」絶頂期だ。

「それでも予見がありました。世界も日本もこっちへいかざるを得ないだろうと」

予見が予見のまま、九年後。恵比寿に開店した「トロワザムール」は、そんな知られざるワインへの入口だった。

単に自社ワインを並べた店じゃない。「生産者や畑を見てほしい」と写真を貼り、「人柄と造りを知ってほしい」と蔵の説明をする。スタッフのコメントは、彼らの感動を、自身の言葉と文字で書いたものだ。飲んでみたらわかるから、という気持ちに溢れた酒屋。で、ボトルに囲まれながら本気で飲めるバーも用意。

飲めて買える酒屋は、パリにおける自然派ワインの立役者「ル・ヴェール・ヴォレ」がモデルである。ボトルに値段を書くラフな感じも自然派がもつ自由そのもの。それを恵比寿につくったのだが、なかなか「入口」に立ってもらえない。

当時出回っていた自然派ワインは、「臭い」「酸っぱい」「薄い」と煙たがられていたのだ。実際、造り手の技術も発展途上の玉石混淆《ぎょくせきこんこう》時代である。

「でも、一部の欠陥だけを見て、多くの感動を無視するなんてできない。真っ当な食とワインが広がらないなら、日本はおしまいです」

言葉通り、静かな水面の下では、自然派を「体がラク」「沁みる」と捉える人も確実に現れていた。それが波紋になり、さざ波になり、強い波になり。

たとえば開店時、五〇ケースでさえ売り切れなかった〝ラングロール〟は三年後、年間二〇〇ケースを完売。六年後は入荷直後に完売、現在では、棚に並ぶことさえなく予約で消えていく。

自然派で、ワイン地図は塗り替えられた。それまで「国」や「格づけ」でワインを選んでいた人たちが、「造り」や「人」で選ぶようになったのだ。

ボーダーレスなワインを愛し始めた人々は、しかし一方で、新たなボーダーを生んでしまった。

自然派か、そうでないか。

山田さんいわく「知っている自分たち」は集まってサークルをつくり、それ以外との間に堀を築こうとする。じつはグラン・ヴァンの時代にも繰り返されていた悪い癖。

打破したいのはそこだ。堀の中の彼らは「知っている」つもりでも、「知らない、ということを知らない」場合は案外多い。

「薄くて濁ってネガティブな香りこそ自然派だとか、最近のワインより初期の濁ったほうがよかったなんて聞くと、生産者の努力を知っている?と問いたくなる。結局、知らないからです。添加物を使わずにずっと戦ってきた、その先を。彼らの目指すワインがどういうものかを」

さあ、自由な
ワインの世界へ。

「トロワザムール」が一〇年、築きたかった世界は堀の中にない。

あの日感じた自然派の自由、ボーダーレスな世界だ。濃い赤好きが絶句する自然派だってある、ワイン嫌いが涙する一本だってある。

彼らは堀の外側に、誰もがアクセスできる「感動」の種を蒔く。

「みんなの味覚と心をフリーにすること」

それはグラン・ヴァンも自然派も等しく知る世代の宿題、という言葉にも聞こえた。

（2017年11月号）


恵比寿「トロワザムール」は二〇〇六年九月、輸入会社BMO代表の山田恭路さんと妻の聖子（まさこ）さん含め五人で立ち上げたワインショップ。代々個性豊かなスタッフが集まり、ここで自然派ワインを初めて知った人、自分で独立すべく巣立った飲食人も多い。コロナ禍以降、バー営業をやめ、現在は販売のみ。

Shop info

東京都渋谷区恵比寿西1-15-9
☎03-5459-4333
㊫12:00〜20:00　㊡月曜
㊎予算2000円〜　カード／可
JR・東京メトロ「恵比寿駅」より5分、
東急東横線ほか「代官山駅」より8分。

僕は、ここで待っている

2006年10月

パーラー江古田

それまでパンが好きだなんて、一ミリも思ったことなどなかったのに。そうふわっと語る人が毎日三時に起き、粉まみれになってパンを焼いている。

そもそも原田浩次さんがつくりたかったのは、人が来てくれる場所だった。学生時代の部室みたいに「じゃあ後で、あそこで」と自然に集まれるような。

「友だちをつくるのが苦手で、自分からは行けない。向こうから来てくれなきゃ嫌だから、お店でお客さんを待とうと」

それはカフェかな、というところまでは考えていたけれど、人から「この先どうするの」と訊かれた瞬間、なぜか「パンも悪くないよね」という言葉が口をついて出た。で、冒頭の台詞である。その理由は自分でも、今でも謎だ。

「パーラー江古田」

このパーラーとは沖縄でいう、氷ぜんざいなんかを置いている食べもの屋である。とはいえ人々はもっぱら世間話をしに来るようなものだ。町の人がベンチに腰掛ける気軽さで集まる、まさに町の部室。いいな、と感じた。たわいないけど必要な一呼吸ができる場所、というその在り方が。しかし二〇一六年の彼はそれを「後づけみたいなものだけど」と振り返っている。

「コーヒー淹れてパン焼いて、という現実を考えるので精一杯だったから」

どの町に？は迷いもしなかった。江古田は大学進学で上京してからの生活圏で、東京の地元。芸術系の住人は多いが下北沢ほど強烈な町の個性もない、いわく、そこそこ楽しいローカル。

商店街に建つ八坪の物件を、超低予算で自力改装。一人で六カ月もトンカチやっていたある日、ふと「明日オープンしちゃおうかな」と思い立ち、二〇〇六年一〇月一八日開店。

最初からこの調子だったのである。明確なコンセプトがあったわけじゃない。今しか見ていない。今日何しよう？を毎日繰り返して、一〇年。

設計図がないからこそ「パーラー江古田」はガウディの建築のように、伸びたいほうへ、有機的に変貌していく。
当初は、パンが選べるサンドイッチとエスプレッソの店。具にするうまい食材を探すうち、イタリアの生ハム専門店「サルメリア69」（当時「69デリカテッセン」）の生ハムを食べて目から鱗が落ちた。うまい。が、うまいものは高くなり、当然サンドイッチの値段も高くなる。悶絶の末、「そのままでうまいものを買って挟むのはやめよう」と決めた。その日を境に「人が作ったもの」はどんどん店からなくなっていく。

二年後には、造り手の人間そのものを映すワインに出合って「世界が激変」。まだヴァン・ナチュールの夜が明ける前、その新しい世界に足を踏み入れた。

若いスタッフが増え、日本の教育について考え始めたときには保育園併設のカフェ計画がもち上がり、「まちのパーラー」ができた。仕事と家族、生活が一つの場にある〝家業〟を営みたい、と思ったら一軒家が見つかり、「パーラー江古田」は昨年、近所へお引越し。

かつてたった一人で始めた店は、今や二店舗二〇人。イベントにも引っ張りだこで、気づけば〝パーラー江古田」の原田浩次〟は、自分でも面食らうくらいの立場に立っていた。

だったら、今の自分だからできることは何か。

「人が作ったもの」を置かないと絞り込んだ世界より、日本にはこんなものづくりがあるということを、みんなに伝えることのほうが世の中の役に立つんじゃないか？　ということで今、薪ストーブのある新しい「パーラー江古田」には、尊敬する生産者のチーズとワインが並んでいる。

歩いて出会って気がついて、店という生きものは刻々と姿を変えてきた。その道中、しかし握って離さなかったお守りがある。

みんなの部室であり続けることと、その真ん中にあるパンだ。

「そのクオリティが高くなるほど、お店に行く動機は強くなる」

パンはこの一〇年、密かにイーストから自家培養酵母に替えるなどの改良を繰り返しているの

僕は、ここで待っている。

だが、名前と値段を変えもせず、原田さんは素知らぬ顔。

素知らぬ顔だが、必死である。

おそらくは「パーラー江古田」が誰よりも、自称友だちづくりの苦手な彼にとっての、人とつながる扉だから。

イベントに飛び回っても通常営業は守る。お客が少なくても朝の営業はやめない。いつもの時間に、いつものように過ごすあたりまえを、叶えてやっと必要とされる店になれる。

一一年目も淡々と。「パーラー江古田」は八時半に看板を出し、渾身のパンを焼いて、「来てくれる」人を待っている。

（2016年10月号）


原田浩次さんは一九七三年生まれ。千葉「リヨンヴェール」でパンを、「ツオップ」でカフェを学ぶ。二〇〇六年「パーラー江古田」開店。二〇一五年四月に町内で移転し、現在パンは約三〇種類、パンとコーヒーのテイクアウトあり。移転とともにワイン・チーズ・食材の販売、業務用卸しも手がける。後に商店街の元練物屋を改装して酒販部門が独立。長きプレオープン期間を経て、二〇二三年四月にナチュラルワインショップと角打ち「パーラーさか江」としてグランドオープン予定。

Shop info

東京都練馬区栄町41-7
☎03-6324-7127
㊮8：30～18：00
㊡火曜（祝日の場合は翌日）
㊎予算1000円～1800円　カード／不可
カウンター5席、テーブル8席＋スタンディング
西武池袋線「江古田駅」より6分。

ごはんは楽しく！

10月 2006年

トラットリア シチリアーナ・ドンチッチョ

この店は「トラットリア シチリアーナ・ドンチッチョ」という名前だが、しばしば「チーム石川」とも呼ばれる。男子運動部に喩えられるときもある。みんなが言いたいのは、つまりは一丸、羨ましいほどの結束力ってことだ。

一〇年前までは「トンマズィーノ」の名で愛されていた。しかし二〇〇六年二月、人気絶頂のときに、物件の事情で突然閉店。石川勉シェフはじめ、スタッフはその日から職場を失った。

当時、石川さんはこう語っている。

「スタッフに〝必ずなんとかする〟とは言ったものの、いつ再開できるかもわからない」

一方、チームのほうはこの気持ち。

「先は見えないけど、これで終わるなんて誰も思っていない」

チーム石川の面々は、ホテルの配膳、出張料理人、さすらいの助っ人など赤穂浪士のごとく世に潜伏しながら「その日」を待ったのである。

で、八カ月後。「ドンチッチョ」の開店日には、誰一人欠けず全員が店に立っていた。

お客だって同じ気持ちだ。再開を信じた常連は堰《せき》を切ったように訪れて、連日二回転の満席続き。翌年にはチーム全員でのシチリア研修も果たす。

めでたし、めでたし？　いや、石川さんの表情は緩むことがなかった。新たな一〇年が、始まっただけなのだ。

「ドンチッチョ」二年目、片腕だった料理人が、結婚して東京を離れる決断をした。

「そりゃ痛い。でも、俺がくっつけちゃったからしょうがないんだよね」

みんなすくすく育った証拠なのか、一年ごとに一人、また一人。家業を継ぐ、独立する、イタリア修業に出る、とそれぞれの方向へ巣立っていく。

幸い募集をしなくても志望者には困らなかったけれど、人間、すぐには育たない。経験者も雇ったが、修業の「育ち」が違う者ほどチームに戸惑った。

チーム石川にも不敗神話なんてないということだ。その度に一からつくり直し。とは言え石川さんが伝えたいことは、変わらない。

「普段が大事だってことです」

食材や宅急便の業者にも、全員が「こんにちは！」と腹から声を出す。出せばいいだけでなく、相手の顔を見る。いわく、人としてあたりまえのこと。

鍋磨きに床磨き、棚の上から椅子の裏までの拭き掃除は、シェフも新人も全員平等。かつ一斉。シェフが一番に動く背中を見せれば、何か伝わる。と石川さんは信じているのだが、どうしたって伝わらない人もやっぱりいる。

「何度も言うしかないですよ、母のように。お母さんは偉いよね。毎日毎日、諭して叱って。ストレス溜まるんですよ。でも、育てるってそういうこと」

五年前、私が別の取材をしたときに入りたてだった男の子がいる。お茶を出してくれるのも危なっかしく、声も小さかったその人は、今や、常連と堂々渡り合うサービスの要だ。叱られても叱られても、くっついてくる人だけがチームに残る——かつての、石川さんの言葉を思い出した。

午後三時半。「ドンチッチョ」のテラスにはわらわらとスタッフが集まってくる。

まかないの時間だ。

「ごはんをね、仕込みの合間に立って食べたり、一人で食べたり、一〇分で済ませたりなんてもう、絶対駄目でしょう。ごはんは楽しく！」

食卓に並ぶ顔を見て、言葉を交わしながら、もとい、どうでもいいことを喋りながら食べるから通じ合う。家庭の食卓でもお店でも同じ真理だ。

みんなの前で喋るのが苦手なスタッフには「四字熟語でもいいから、ほら」とシェフは背中を押しまくる。「ドンチッチョ」では無口厳禁。厨房でお喋りできない人が、お客の前で突然話せるようにはならないからだと言う。料理人にも会話は必要。なぜなら「うちは全員攻撃だから」。

ごはんは楽しく！

ごはんは楽しく。その言葉の先には、こういう意味が待っている。

「仕事は楽しく」

「人生を楽しく」

これまでも、これからも、チーム石川の目標だ。

「そのためには、やるべきことをきちんとやらないと、楽しくないんですよね。気持ちを込めること、お客さんに喜んでもらうこと。そこをさぼったら、自分たちも楽しくなれない」

一〇年、石川さんはみんなと同じ仕込みの時間から厨房に立ち続け、トマトソース作りを譲らなかった。ただ「居る」だけでも店の隅々にまでピンと気が漲《みなぎ》る存在、それがシェフ。

結束力とは、じつは儚く不確かなものである。だからこそ叶えた姿に立ち会えたとき、人はオーロラでも見たかのような一瞬を感じるのだ。

(2016年12月号)

移転／二〇二三年二月、南青山に移転オープン。石川勉シェフは一九六一年生まれ。神宮前「ラ・パタータ」を経て、イタリアンブーム前の一九八四年に渡伊。パレルモ、フィレンツェ、ボローニャで計三年修業。「ラ・ベンズィーナ」シェフを経て、二〇〇〇年から「トラットリア ダ トンマズィーノ」。二〇〇六年一〇月に「トラットリア シチリアーナ・ドンチッチョ」を開店して一二年目、再開発によるビル建て替えのため、二〇二二年四月より仮店舗にて営業していた。

Shop info

東京都港区南青山1-2-6
ラティス青山スクエア1階
☎03-5843-1393
㊖18:00〜22:30(L.O.)
㊡日曜　祝日の月曜
¥予算1万円〜1万5000円　カード／可　38席
東京メトロ「青山一丁目駅」より5分。

真っ暗だったこの町に
バルの灯りがともったら。

10月 2006年

三鷹バル

「三鷹バル」の擦れた床が好きだ。一〇年前、店主の一瀬智久《いちのせともひさ》さんはあえて上等ではない松の木を選んだ。材木屋には「やわらかな木は傷つくよ」と言われたけれど、それがよかったのだ。

二〇〇六年一〇月、それまで一〇年も借り手のなかった木造一軒家――築三〇年以上、三・五坪。ボロボロ極小のワケあり物件――を自分たちの手で改装し、バルを造った。

東京スペインバル時代の開幕期。小皿で好きなものを好きな順に食べられる気楽さと立ち飲みの楽しさで、翌年にはもう、街中がシェリー酒とタパスとイベリコ豚だらけになっていた。

一瀬さんはしかし、バルの「スタイル」に憧れたわけじゃない。

「スペインを旅したとき、何もない町なのにバルだけがぽっかりと明るくて。店のおじさんやお客さんが気さくに話しかけてくれる、その温かさがうれしくて、日本に帰ったらバルをやろうと」

おじいさんも女性一人も若いカップルも、同じ床に立ち、同じ板に肘をつく。別々のみんながひととき混じり合う、町の集会所みたいな場所。彼がつくりたかったのはそういう、町になくてはならない店だ。

だから、町の名を取って「三鷹バル」。正確には「三鷹台」という、東京だけど郊外にあり、飲食店の新規開店が一〇年もなかった町に現れた。

後に妻となる百代さんと二人、最初こそオセロゲームをするくらい暇だったものの、そのうち会社帰りに一杯、誰かと話をしに一杯。真っ暗な通りにともった「三鷹バル」の灯りに、町の人たちは吸い込まれていった。顔さえ知らなかったご近所同士が言葉を交わし、一日の終わりを温め合う。そういう場所があるだけで、借りもののようだった町は、自分の町になっていく。

「三鷹バル」は、おそらく本人たちの予期せぬところで東京の町を変えた。

三鷹台に飲食店がいくつもできたというだけじゃない。あちこちで、町名＋バルというお店が誕生したのである。みんなこう思ったのだ。

「バルは町の灯りになれる」

それは日本が世界的な恐慌や震災といった大きな渦に呑み込まれた時代。先の見えなくなった私たちが求めた灯り、だったのかもしれない。

東日本大震災の日は、帰宅難民のために一晩中店を開けていた。「三鷹バル」は都心から不安を抱えながら歩いて辿り着いた人々を、「お帰りなさい」「お疲れさま」と迎える場所になった。

一方でどんどん明らかになる原発事故と放射能漏れ。情報の錯綜《さくそう》、隠蔽《いんぺい》が相次ぐなかで食材をどう選べばいいのか、料理人として、一瀬さんは深く悩んだ。

「公開される情報を信じられないまま、お客さんに料理を出すのが恐い」

もう店をやめようか、とまで思い詰めたけれど、彼は結局、バルの灯りを消してはいない。

「お客さんが来てくれるからです。僕がもしこの店をやめたら、お客さんはどうなるんだろう、と」

自分だけが降りれば済む話じゃない。だったら「信じられる情報」を、自分が見つけていくしかない。

真っ直ぐな人である。だから心の動きが、すべてお店に映るのだ。

七年目から二年間、「三鷹バル」はヴィーガンという、動物性食材を使わない料理に切り替えたことがある。卵は豆腐とトウモロコシに代わり、肉はレンズ豆に。理由は一瀬さんがトレイルランニングを始めて、食生活が変わったからだ。

「自分が食べないものをお客さんに出すのは、ちょっと」

その正直さゆえの変身だったが、お客は激減。常連だけが、生ハムが食べたい、鶏の煮込みが食べたいとブーブー言いながらレンズ豆をつまみ、残ってくれた。

で、二〇一六年一一月にスペインバルとして再開。これもまた彼自身が「ヴィーガンを貫くのは結構大変……」と普通の食生活に戻したためである。

晴れて卵も肉も帰ってきたが、一瀬さんはついでに日本酒という新人も連れてきた。この夏、ふらりと入った酒場で燗酒を呑み、「これはシェリーだ！」と思ったらしい。というわけで今、「三

真っ暗だったこの町に
バルの灯りがともったら。

鷹バル」のカウンターには生ハムと一升瓶が一緒に並んでいる。

いいと感じたことにはまっしぐら。がゆえの変遷を、彼は「旅」と言った。

「お店は僕にとって、旅みたいなもの。行程が決まっていると面白くない」

旅を続けながら、一〇年。だがこの三・五坪が町の人の必要な場所であろうとしてきたことには、変わりない。

床の栗色は飴色に深まり、案の定、剝《は》げたりして傷だらけになった。でもそれは、ここに立ってきた人々の、思い思いの時間の跡だ。飲んで喋って、おやすみなさい。その繰り返しを、やわらかな板は毎日受け止めてきた。

一瀬さんはたぶん、ペンキを塗り直したりはしないいんだろうな、と思った。


（2017年2月号）

閉店、移転開業／店主の一瀬智久さんは二〇一七年一二月二四日、高円寺に四坪のスタンドタパスバー「トリツカレ男」を開店。二店舗経営していたが、スタッフの退職により「三鷹バル」は二〇一九年三月に閉店した。跡地では知人が店を開いてくれて、三鷹台の人も安心。現在、一瀬さんは高円寺で五周年を迎え、はしご酒カルチャーの一翼を担う。「三鷹バル」のDIYを機に本格化した「一瀬工務店」としての顔ももち、店舗から住居まで改装物件の設計、内装工事も多数手がける。

トリツカレ男

Shop info

東京都杉並区高円寺北３丁目２-19
㊚18:00〜24:00
㊡不定休（詳細はInstagram☎toritukareotokoでお知らせ）
㊎予算1000円〜　カード／不可
JR「高円寺駅」北口より２分。

2006年

11月

新ばし 久

変化、は好きじゃない。

新橋・烏森神社界隈は、位置情報システムも迷子になるエアポケットだ。不規則に入り組む小路の中で、いつの間にか方向感覚を失い、彷徨《さまよ》ってしまう。

戦後、闇市が占拠した新橋は高度経済成長期を境に続々とビルが建ち、再開発されていった。その中でなぜかぽっかりこの一画が、花街《かがい》だった頃の匂いを潜ませながら取り残されている。

という場所にありながら、さらに看板も目印もなく、わずか一〇席。

「新ばし 久《きゅう》」は、店主・清水久史さんの言葉で言えば、「うまいものを、自分の財布で食べられるお店」である。

一見、割烹の面構え。お造りもお椀もあるけれど、でも出汁巻き玉子ではなくオムレツだし、天麩羅でなくフライ。

和食屋とも洋食屋ともくくれないメニューは、店主の足跡を映しているのだった。魚屋の三男に生まれ、学んだ料理はフランス、スイスに洋食、和食。アラスカの日本総領事館でお抱えコックの経験ももつ。

二〇〇六年一一月。開店したからには一〇年、突っ走ろうと決めた。それには何が肝になるか？

清水さんは、「質」だと考えた。

「安さで門を広げると、僕のモチベーションが続かない」

逆に、門を狭める。質を求める人だけに絞り込むのだ。通りがかりの人を呼びたいわけじゃないから、看板でアピールする必要もなし。むしろ飲み屋が集中するエリアゆえ、酔客からは隠れていたほうが好都合だ。

ただし「自分の財布で」。価格を抑えるならば、いわゆるおまかせコースでロスを減らすのが常道だが、全部決められるのもちょっと窮屈。そこで設定したのが、先附け、お造り、お椀、魚料理、肉料理の五品だけとりあえずどうぞ、の「おきまり」である。ここで終えてもいいし、一品料理やフライを足してもいい。自由という余白を残したシステムだ。

だいたいは「おきまり」を食べて、土鍋炊きのごはんを注文。好きなフライをちょこちょこ揚げてもらっている間に、〆のごはんが炊き上がる。

ちなみに、品書きには値段が書かれていない。最初はこわごわ。だがおおよそ一万円、しっかり飲んでも一万五千円見当、と二度目以降のお客は知っている。悪いようにはしないという信頼があれば、値段はむしろ野暮である。

ありそうでなかった「うまいもの屋」に、食いしん坊たちは飛びついた。

けれど、どうしても予約が一九時台に集中してしまう。席数はたったの一〇。この時間帯は断らなければならないほどなのに、それ以外は暇になるというやるせなさ。質を守るには、価格を上げるか、回転を増やすか。

「価格は上げたくない。じゃあ、空いている時間を何とかしようと」

集中を分散させる、そのために二〇時半でお客が入れ替わる二部制を取った。開店一年後のことである。

するとお客の数はガクッと減ってしまった。家族も不安になるほどの激減には、正直焦った。にもかかわらず、清水さんは二部制を止めなかったのだ。

「一度決めたことをコロコロ変えるのは、性に合わない」

時間を区切ることは、一〇〇%お店の都合。けれどそれで、「この価格でこの質」が守られる。それをわかって食べに来てくれる人に対していい仕事をしよう。そう腹を決めて辛抱した。

いや、逆に攻めた。スタッフを増員したのである。限りある時間でテンポよく料理が出せるように。お茶が減ったら注ぎ足し、おしぼりが汚れたらさっと替え、その時間を心地よく過ごしてもらえるように。

二部制、看板なし、値段書きなし。いくつもの関門を越えて辿り着いた人には、しかしぬるま湯のようないい塩梅が用意されていたのである。

変化、は好きじゃない。

それにしても、今や常連率八割。なぜ人は「新ばし久」に足を運ぶのか。

季節を感じる「おきまり」のほか、一品料理はポテトサラダやオムレツ、フライなど、拍子抜けするくらいシンプル極まりない料理なのに。

「単純明快がいいんです」

その代わり、フライの魚介も築地の魚屋で働く父から仕入れ、薄衣《うすごろも》は上品なトーストのような香ばしさ。それを、揚げたそばから目の前にポンと置く。

「天麩羅屋ではあたりまえに、揚げたてをお客さんの皿にのせるでしょ。フライではなぜか誰もやってないけど、でもそれが一番うまいじゃないですか」

単純を突き詰めたところにある、極上の明快。それは過剰を削いだ分だけ強く、ミットの芯に真っ直ぐ入る。一〇年、その単純明快は変わらない。

「変化が好きじゃないんですね」

脇目も振らず突っ走りきった今、もう一〇年、突っ走ろうと決めた。


（2017年1月号）

清水久史さんは一九七一年生まれ。ホテルバンケット、スイス料理店、フランス料理店、アラスカの日本総領事館、洋食屋を経験。父は現役で築地の魚屋、兄は寿司「新ばし しみづ」大将の清水邦浩さん。最初は兄の出資で開店し、二年後に買い取りオーナーとなった。

Shop info

東京都港区新橋２-15-13　☎03-3500-5772
㊞17:00〜20:30／20:30〜22:30(21:30最終入店)、
日祝16:00〜19:00／19:00〜22:00(20:00最終入店)の２部制
㊡月曜
㊎「おきまり五品」コース9000円　カード／可　カウンター10席
JR・東京メトロ「新橋駅」より２分。

どちらが欠けても「だけん」じゃなくなる。

2006年
12月
焼酎ダイニング
だけん

焼酎と触れ合わないほうが難しい時代――増田奈美さんの言葉通り、あの台風はすごかった。dancyuでは一九九九年に特集「焼酎の天下」でのろしを上げたが、その後本当に焼酎は日本酒の出荷量を抜き、焼酎バーや専門居酒屋は増殖していった。

まさにその渦中、居酒屋事業に関わった増田さんは伸び盛りの焼酎を知る。自分の店を、と考えたときには、当然のように焼酎の店になっていた。

タウンワークでスタッフを募集して、応募してきたのが井上亮さんだ。独立を目標に、課題を決めてさまざまな店で働いた彼の、次なる選択基準はやはり、焼酎。

一階がカウンター、二階はテーブル席の「焼酎ダイニングだけん」が月島に開店したのは、まだまだ天下の続く二〇〇六年。焼酎一年生の店主は、しかし東京一焼酎を扱う酒販店と聞いた「味ノマチダヤ」の門を叩く。本人は恐る恐るだったと言うわりにいきなりの富士山登頂。けれど、この社長との出会いが道を照らしてくれることになる。

店に置く約一〇〇銘柄の焼酎を選んでもらって、一つひとつについて教えてもらって。それらの背景をもっと知りたい、と相談すると、社長は鹿児島・大海《たいかい》酒造を紹介してくれた。

二年目の春である。このとき訪れた蔵の匂いに、増田さんは突然、懐かしさを感じてクラクラしたという。

「思えば祖父がすごい焼酎好きで、死ぬまで飲んでいた人だったんです」

じつは父が大分、母が熊本出身。彼女自身も生まれてから二歳まで、球磨《くま》焼酎の産地、熊本・人吉《ひとよし》市で祖父母と暮らした。匂いの記憶が、彼女の、焼酎のルーツを掘り返した。

二人はその年の秋にも再訪。紫芋の芋切り作業を手伝うと、蔵元の山下正博さんがこんな言葉をかけてくれた。

「一〇年、どんな形になってもいいからお店は続けなさい」

ちょうど蔵には店の開業日に近い製造年月日の焼酎が積まれていて、彼らはその一箱に「だけん」と書き入れた。一〇年後のための、決意の予約である。

山下さんから「蔵との向き合い方」を教わって、それからは年に三、四回は蔵へ足を運んだ。で、その度に学びをもらったのである。寿福《じゅふく》酒造場の寿福絹子さんには「造りへの愛と感謝」

どちらが欠けても「だけん」じゃなくなる。

を。佐藤酒造の佐藤誠さんからは「一杯の重み」について。

「同じ〝佐藤〟のお湯割りでも、『だけん』で飲むお湯割りはおいしいと言ってもらえることが大事だと」

三年前には焼酎粕や廃液を肥料、飼料に還元する黒木本店の黒木敏之さんと会い、料理の考えに芯が通った。

二人の訪問は、単なる見学ではない。夜のしんとした蔵で、歩く振動に反応する醪《もろみ》の発酵の音を聴く。蔵元と地元の酒場へ行って、土地の人がどんなふうに飲み、どんな料理と合わせているのかを感じる。中に入るような経験だ。

そういうつき合いを続けるうちに九州で焼酎の縁が広がり、「だけん」は東京出張の蔵元も訪れる店になる。

二人いわく「メディアとは無縁の店」。雑誌にもテレビにも出なかったけれど、だからこそ守られた強いつながりは、世の焼酎ブームが去ったなどと言われても、びくともしない基盤をつくった。

悩まされたのはスタッフの問題だ。突然辞められると、一、二階一人ずつでは店が回らない。

「移転して、カウンターの店にしよう」

増田さんの提案に、一〇年、同じ場所で続けたかった井上さんは迷った。

「でもそのとき、山下さんの『どんな形でも』という言葉を思い出しました。お客さんにとってはもっといい形になったほうがいいわけで、この場所で、と固執するのは店側のエゴかなと」

昨年一〇月、「だけん」はカウンター中心の店になって八丁堀へ移転。これを機に店主は井上さんに交代した。もともと四〇歳前に店を持つことが目標だった彼への、恩返しだそうだ。

かつて増田さんは、三つの誓いを立てた。一〇年続けること。蔵の人が来てくれる店になること。そして焼酎を覚えようと必死で読んでいたｄａｎｃｙｕに、今度は自分たちが載ること。すべて叶えられたのは、井上さんもまた「だけん」を自分の店のように育て、一緒に歩いてくれたからだ。

「これからも進化していきますよ」

そう答えたのは、新店主である。

大きな箱に小さなものをきっちり並べて詰める、慎重派の井上さん。深く考える前にとりあえず飛び込んでしまう、増田さん。補い合って、一〇年。八丁堀のカウンターには、二人が阿吽《あうん》の像のように立っている。


（２０１６年11月号）

二〇〇六年一二月開店、二〇一五年一〇月に八丁堀へ移転。現在約二五〇銘柄の焼酎・泡盛を扱う。「焼酎も世代交代が進み、いろんなことを考え、努力している」という彼らは今も産地へ足を運び、蔵元との関係を築いて現地のリアルを伝えていこうとしている。

Shop info

東京都中央区八丁堀２-19-10　泰昌堂ビル１階　☎03-5244-9804
㊋17:00～22:00（フードL.O.）、22:30（ドリンクL.O.）　㊡日曜　祝日
㊉予算5000円～7000円　カード／可　カウンター13席、テーブル４名１席
JR・東京メトロ「八丁堀駅」より３分。

2007〜2008年

開店

2007年の出来事

東京ミッドタウン、新丸ビル開業
アメリカでサブプライム問題
『ミシュランガイド東京』刊行
食品偽装
がぶ飲みワイン vs 小規模生産シャンパーニュ

2008年の出来事

リーマンショック、株価急落、円高騰
北京五輪
アメリカ大統領にオバマ氏当選
家ナカ、家飲み志向
地方・産地・生産者への関心が高まる

一度出て行っても、
結局戻ってきたくなる町で。

2007年
4月
二毛作

もしも仕事が片づいていて、朝、冬の締まった空気と青空が広がっていたら、立石《たていし》日和だ。昼呑みにはしご酒の町。東京では闇市に始まった飲み屋街や商店街の多くが廃れてしまったけれど、立石は今も現役。もつ焼き、立ち食い鮨、鶏の丸揚げ、餃子に串カツ、おでん。一軒目を出てもまだ明るいという背徳感を喜びながら、小さな町を右往左往する呑んべえ天国である。

立石仲見世商店街にあるおでんの店「丸忠《まるちゅう》」が実家の日高寿博《としひろ》さんは、この町で育ち、二度この町を出た。最初は大学卒業後、アルバイトで貯めたお金で約一年間ロンドンに滞在。

「世界一周のつもりが、いざ出てみたらあまりにも英語力が足りないので語学学校に。昼は勉強して、夜は飲んで」

立石へ帰ったのは、父が倒れたからだ。しぶしぶ家業を手伝いながら「ガッツもないしやりたいこともないけど、このままは嫌だ」とだけは思っていた。

そこで「丸忠」閉店後の二一時～深夜二時、仲見世商店街の路上で酒場をやってみた。足場板二枚を渡したテーブルにおでんとつまみと缶ビール、芋焼酎の、学園祭のような店。それでも立石の同世代が夜ごと集まった。

盛り上がって、早く大きいことをしたくて再び「外」へ。バーを多店舗展開する話に乗ったのだが、話が違い大けが寸前。町に戻り、残ったのはバーの経験、生まれたのは覚悟だった。

「目の前のことを、一個ずつがんばろう。やれるだけやってみようというふうに気持ちが切り替わりました」

二〇〇七年四月。「丸忠」に隣接する元花屋の極小物件を借り、路上酒場の常連客だった西村浩さんと二人で「二毛作」を開店。腹を据えた人の気配というものが、腹が据わった人にはわかるのか、このときから立石の大先輩が彼らを応援してくれるようになる。

向かいのもつ焼き店「宇《う》ち多《だ》」は開店祝いに暖簾を誂《あつら》えてくれたうえ、自分の店のお客に「二毛作」を紹介。お客で嫌な思いをしたときは、これまた「宇ち多」向かいのもつ焼き店「ミツワ」

のお父さんが「そういうお客さんにこそ学びがある」と教えてくれた。立石の人たちにいいも悪いも見られている中、日高さんと西村さんは三年間、元旦以外は無休で働き本当にがんばった。じつは、今でこそおでんと純米酒、ヴァン・ナチュールの「二毛作」だが開店当時は全然違っていたそうだ。

「バーを経験していたから、どちらかというとウイスキー。おでん屋にラフロイグがある、という店でした」

酒場だから日本酒も一応置かなくちゃ、とその辺で買える清酒を一種類、三五〇円。ワインはカリフォルニアなどのわかりやすい味を安く売る。

ヴァン・ナチュールも純米酒も知らなかった。いや、誰だって知らない時代だったのだ。自然な造りのワインが、まだ「ビオ」や「自然派」という名前で一部に注目され始めたのは二〇〇五、六年のことで、二〇〇七年は萌芽期。その頃は新しい日本酒も、力を蓄えてはいたがテイクオフ前である。

しかし開店三日目。一人のお客が「宇ち多」帰りにふらりと現れ、日本酒の純米燗酒についてとっぷりと語って帰った。埼玉「蕎麦切りさいとう」店主、齋藤健司さん。齋藤さんは「二毛作」の常連になり、ある日〝生もとのどぶ〟を二人に飲ませた。

「うめー!って驚きました。こんなおいしい日本酒があったのかと」

ここからである。「二毛作」コンビは、〝神亀〟に「うめー!」、〝竹鶴〟に「うめー!」で燗をつけ始め。日本人醸造家、大岡弘武《ひろたけ》さんがフランスで造るボジョレーに「うめー!」でワインも増えていく。素直に自分たちがおいしいと思ったお酒を、一個ずつ。

二人の歩みはそのまま、東京の歩調とも重なる。

二〇一〇年にはヴァン・ナチュールの祭典「フェスティヴァン」が開催。彼らは第三回から出店。ナチュールという思想を中心点に、ワイン、日本酒、パン、野菜。仲間の輪が波紋を描くよ

一度出て行っても、
結局戻ってきたくなる町で。

うに広がった。立石に腹を据えたことで、気がつけば、逆に「外」とつながっていた。

八年目。「二毛作」は仲見世商店街から歩いて三分の場所に移転。実家から離れて自分のおでんを作りたい、と言って。

今、真昼の太陽が差し込む明るいカウンターには、かつて立石では見なかった若い世代の顔が並んでいる。二度飛び出し、二度戻って来たこの町で、一〇年。日高さんは人を迎えてきた。

いや、思えば子どもの頃から立石に友達を呼ぶのが好きだった。寂しがり屋だからいつも誰かを迎え、もう少し居て欲しいから一生懸命もてなした。

「立石はご近所同士の会話が生きている、言葉のある町。みんな一度出て行っても、結局戻りたくなるんです」

ちなみに実家のお母さん証言では、小さい頃からガキ大将。本人の言う寂しがり屋と、どっちが本当なんだろう？「二毛作」のカウンターでふと呟くと、「ガキ大将は寂しがり屋なんだよ」と隣客が笑った。


（2017年4月号）

「二毛作」は二〇〇七年四月、一九七六年生まれの日高さんと、一九七一年生まれの西村さん、男子二人で開店（二毛作）移転後、西村さんは「丸忠」を引き継いだ後、二〇一八年一二月に立石で「ブンカ堂」を独立開業）。現在、「二毛作」のおでんは日高さん独自の工夫を施し、出汁は羅臼昆布と鰹節、酒、塩のシンプルな味。「飽きずに食べられ、お酒とゆっくりつき合える」このおでんを中心に、板前である叔父が手がける料理もナチュール、かつバリエーション豊富。

Shop info

東京都葛飾区立石１-14-４
☎03-3694-2039
㊚14:00～21:00(L.O.)、
土曜は12:00～19:00(L.O.)、
日祝14:00～20:00(L.O.)
㊡無休
㊀予算4000円～5000円　カード／不可
京成電鉄「京成立石駅」より３分。

2007年 4月

琉球チャイニーズTAMA

だって、TAMAは
スナックだから。

母が沖縄・黒島、父が中国・山東省出身の、玉代勢《たまよせ》さん。琉球でチャイニーズでＴＡＭＡという店名は、玉代勢文廣《ふみひろ》さんのアイデンティティそのままなのだ。

「でも、育ちは渋谷の並木橋ですけどね」

笑わせることを忘れない料理人は、一九歳から懐石、精進料理の無口な厨房で修業を積んだ。最後に和食店の料理長を八年務め、いざ独立、という時点では和食「たま」になるはずだったのだが。当時は独立ラッシュ。有名店の誰それが満を持して、なんて店と同じ土俵では埋もれてしまうと、開店一カ月前に「琉球チャイニーズ　ＴＡＭＡ」と決まる。

二〇〇七年四月三日、冗談みたいだけどシーサーの日。

玉代勢さんの一〇年は、自身のルーツを辿ることから始まった。玉代勢家は三世代一一人の大家族。喧嘩は熱いが仲もいい。いつも「わいガヤ」な一家の食卓には、祖母の中国料理と母の沖縄料理、それに家族ではまったドイツの白ワインがごちゃ混ぜにのっていた。

「中国料理といっても家庭の味、母はナポリタンにも鰹節をかけるような、どうしたって沖縄料理になっちゃう人。流行りなら流されるかもしれないけど、そういうルーツってブレようがない」

とはいえ三年目、自分の作るゴーヤチャンプルは、どうも「知っている味じゃない」気がして仕方ない。原因がわからず母に訊ねると、「今作るな」。即答だった。

「僕は料理人で、作りたてが使命だと思ってきました。注文が入ってからゴーヤをタンタンタン！と切って、ジャッと炒めて、それがカッコいいと。でも、そういえば母は一日寝かせていた」

庭のゴーヤをもぎって炒め、そのままガス台にのせておく。今晩食べず、明日のために。味がしみてしんなりした食感こそが、家で食べるゴーヤチャンプルの真骨頂。

料理人は、プロゆえに料理を「作って」しまう。シンプルに、削ぎ落とす仕事は、じつは彼らにとって怖いことだが、しかしルーツの味はそこにある。

「素朴なほうへマイナーチェンジしていかなければ。そうめんチャンプルもたっぷりの野菜なんて余計なことをせず、そうめんをおいしく食べてもらおうと」

まるで玉代勢家の食卓のように、「琉球チャイニーズ ＴＡＭＡ」のテーブルで、お客は素朴な料理とワインを飲む。「合わせる」のでなく「飲む」だ。なぜなら「僕の料理は幕下だから」。横綱料理には横綱ワインしか合わないだろうが、幕下料理で合う合わないは言いっこなし。

いっそワインはジャケ買いが楽しいよ、という提案が本気の証拠に、壁一面にワインを並べてエチケットを見せている。産地もタイプもおいといて、お客は席を立ってうろうろとワインの顔を眺め、目が合った一本を指差せばいい。

誰もが笑っている。コンクリートの躯体そのままの天井に、図工室みたいな木のテーブルと椅子が置かれた素っ気ない空間は、本当は「駄目だったときに売りやすいよう」何屋でも通用する仕様にしたものだ。そのハコが一〇年、毎晩、もちろん今晩も笑い声で満たされている。

オープンキッチンというより客席にポンと置かれたようなむき出しのキッチンで、玉代勢さんはおびただしい数の料理をガンガン作りながら、ラグビーなんかの話もしながら、ときどきビール。カウンターは、立ち飲み客が台所でつまみ食いするような距離感だ。

「ここに僕が立っていれば、テーブルのお客さまにも〝いらっしゃいませ〟と〝またね、ありがとう〟が必ず言える。二言だけじゃなく、トイレの行き帰りや待っている間にも言葉を交わせるし、カウンターの人とは一緒に飲めます」

それは、ＴＡＭＡってじつはスナック論。玉代勢さんの母は、渋谷で三五年スナックを営む現役のママだ。スナックではママ一人が特権をもち、お客は「ちゃん」づけの全員平等、いや、全員が特別扱い。ママの顔を見て「いやあ大変でさ」なんてことを呟きたいお客が「一杯だけ」とやって来る。そこにあるのは、受け入れられて一日を終える幸福だ。

ＴＡＭＡのお手本は母、もとい、ママにある。

僕はパパだけどね、とまた笑わせながら、彼は少し真面目につけ足した。

だって、TAMAは
スナックだから。

「僕は嫌われたくないんです。好かれたいわけじゃないけど、嫌われたくない」

だから一人も寂しい思いをさせたくない。場に馴染めなさそうなお客はいじり、初めてのお客には話を振る。合間、合間にまたビール。でも、全員を見ている。

「オープンキッチンは丸見えのキッチンじゃない、丸見えの客席です。僕は目も耳も口も全開にして見たい。そして僕もお客さまから〝気〟をもらっているんです」

呼吸のように気を交換しながら、気を熱に換えながら、店はどんどん温まっていく。一八時の開店から深夜二七時まで、エンジンかけっぱなしで、一〇年だ。

「まだまだ、上に三五年がいますから」

僕は店をやっていなきゃいけない、と玉代勢さんは言った。東日本大震災のとき、帰宅難民が給水所のように立ち寄って励まし合った。次から次へと「どうだった？」と集まって来る。どんなときでも「パパ」の顔を見れば一安心、ここに来れば大丈夫。

お客にとって、なんの心配もなく、ただのびのびと笑っていられる場所を東京で守っていく。誰でもいつでも帰ることができる。この店のドアを開ける者はみな、大家族の一員なのだ。


（2017年12月号）

「住所は渋谷だけど、渋谷・原宿・青山のどこにも属さない地理感が好き」という街で、二〇〇七年四月三日に開店。沖縄・中国の家庭料理という個性、気軽なワイン、肩肘張らない居心地のよさでたちまち人気店に。グループでも一人でも、しっかり食べたい人も一杯だけの人も、それぞれのテンションで楽しめる。

Shop info

東京都渋谷区渋谷２-３-２
☎03-3486-5577
㊔18:00〜24:00
㊡日曜　隔週月曜(HPにて記載)
㊎予算5000円〜6000円　カード／可　35席、立ち飲み
JRほか「渋谷駅」、東京メトロ「表参道駅」より各10分。

もっと、すごいところへ
行きたい。

2007年
4月

器楽亭

高卒の資格を得るために学費の高い調理師専門学校へ行って、美容師になると親に言ったら、ふざけるなと怒られた。料理人、浅倉鼓太郎《こたろう》さんのエピソードゼロは、こんな感じで始まる。

仕方なく外食企業へ就職して、ハンバーガーを希望したらカリフォルニアキュイジーヌに配属された。厨房で二年弱。下っ端の経験だけで久我山《くがやま》の、パチンコで勝ったときだけ呑みに行っていた居酒屋に入ると、店長を任される。任されると言えば聞こえはいいが、つまり丸投げだ。教わることのない自由とは、正解がわからないという状況でもある。

だが、目の前にはお客という食べ手がいた。初めてのカウンターキッチンで、自分が料理を作れば「おいしい」という顔を見せ、言葉を返してくれる人々。

「いいことをすれば店もいいほうへ行くし、悪いことをすれば悪くなる」

いいほうへ、行きたくなった。

ちょうど二〇歳。現在の妻と出会い、彼女の故郷・石川の日本酒「天狗舞《てんぐまい》」を現地で飲んだ。うまかった。それまで店で扱う日本酒はスーパーで買う量産酒。二〇〇〇年代初頭といえば焼酎天下で、日本酒を飲みたいなんて言う人もいないのだから、それでいいとも思っていた。けど違う、知らないだけだったんだ。

鼓太郎さんは地酒に詳しい酒屋を探し、門を叩いた。最初は遠慮がちに一本二本の仕入れ、それが日本酒を覚えるほどに増えていく。稀少な銘柄は「ぽっと出に簡単には売ってくれまい」と、一升瓶を原付バイクのカゴにのせ、リュックに詰め、足にも挟んで運び、根性を見せた。

「重過ぎて坂道を上れないんスよ」というオチにはみんな笑うが、台風の日も中継アナウンサー並みのずぶ濡れになりながら合羽姿《かっぱすがた》で現れる若者を、周りが可愛がらないわけがない。酒屋に教えてもらった酒蔵を訪れ、蔵人に地元の割烹や居酒屋へ連れて行ってもらい、市場の仲買人と仲よくなり。そうして鼓太郎さんは、育ててくれる大人を自分で見つけてきた。

結果も出した。なのに突然閉店が決まり、だったら自分で、と独立。二〇〇七年四月、「器楽《きらく》亭《てい》」を開店した彼には、どうしても見たい未来があったのだ。

「日本酒を選んでもらえる時代です」

すでに日本酒好きには知られる店になっていたが、それだけじゃ山は動かない。世の大半を占めるその他の人に、どうおいしさを伝えるか。単にお酒を勧めても飲んではもらえないご時世だ。

「なら料理で選ばせよう。これには日本酒だよね、と求められる料理を作ろうと」

日本酒の数は伸びた。席も埋まっている。だが、満足はできなかった。久我山は井の頭線沿線、ファミリー層の住宅地。三年目までの「器楽亭」は数百円の単品料理が主体でコースでも四八〇〇円だったから、「おいしい」のほかに、「近くて、安くて」がくっついた。

でも本当は、純度一〇〇％で「味わうことを楽しみに」来てほしい。食や酒を識《し》る大人の男性が、銀座でなく久我山へ女性を連れて来たくなる、そういう店になりたいのだ。だったら今の自分に、足りないものは何だろう？

答えはわかりきっていた。料理の、さらに「質」である。そして師匠のいない彼にとって、それを得るには食の経験値しかないということも。

そこで休日と収入をほぼ外食に捧げることになるのだが、相手はいきなり「京味」に「と村」。客単価五〇〇〇円に満たない店主が、五万円の日本料理店へ、しかも四季ごとに訪れた。で、ぎらりと光る眼でくまなく観察し、分析し、解釈する。解釈とは「勝手に考える」こと。天麩羅なら東京「近藤」「深町」、静岡「成生《なるせ》」の狙い所はどこか。筍料理なら京都「御料理 はやし」と「未在《みざい》」で表現の違いは。正解かどうかじゃない。勝手ながらの考えは、自分だけのものである。行動範囲は全国。たとえば博多では宿を取らずゼロ泊二日で食べ、呑み、時間と胃袋を限界超えまで使い切っていた。

なんと不器用な、だけどたくましい料理人だろう。わずかな手がかりを探り、指先を引っ掛けたら渾身の力で這い上がる。まるで岩山のクライミングのようである。

もっと、すごいところへ行きたい。

一〇年、気がつけばずいぶん高くまで登った。「器楽亭」の客単価は今や一万五〇〇〇円以上だ。もはや割烹ですね、と声をかけると、彼は淡々と「いえ、居酒屋です」と答えた。お茶割りを置いているからだそうだ。接待で嫌でも飲まなきゃいけない日本人を助けてきたのはお茶割り、そう言って、敬意をもってメニューから外さない。

「割烹にお茶割りはないですから」

かつて想像した光景は、現実になっている。各地の生産者や仲買人とつながって、質でも種類でも、よそでは食べられない食材を仕入れてきた。それを識るお客らが、久我山へ通う光景。

しかしこのごろ、思うのだ。東京では「〇〇産の××」というブランド情報が先行して、飲食店はそれを奪い合う。

「でも料理人は本来、素材より仕事で評価されるべきなんじゃないのかなって」

特別な素材で驚かれても面白くない。それより、誰にとっても馴染み深い素材が、誰も想像できなかった味や料理になって現れること。そっちのほうが食べ手にも作り手にも喜びが大きいし、この喜びは世界共通、と今は確信している。

「もっとすごいところへ、行きたい」

鼓太郎さんに怖いものがあるとすれば、たぶん「満足」だ。知らないことを知りたい、という渇望だけが高い場所への手がかりになる。いいほうへ、いいほうへ。

（2018年7月号）

移転、店名変更／久我山で一二年「器楽亭」を続けた後、銀座に出店した途端、コロナ禍に突入。それでも浅倉さんは、建物解体までの定期契約だった二年間を乗り切って、二〇二二年四月、「銀座鼓門（ぎんざこもん）」を開店した。一九八一年生まれ。二六歳での独立から一五年、胸を張って名の一字「鼓」を冠した店である。門は入口、ウェルカムな印象であり、いしかわ観光特使を務める彼にとっては金沢の鼓門（つづみもん）にも通じる。〝浅倉鼓太郎の真骨頂〟はいよいよこれからだ。

銀座鼓門

Shop info

東京都中央区銀座7-6-4　GINZA7ビル9階　☎03-5962-8712
㊔18:00～／20:30～の二部制　㊡日曜、祝日
㊎コース3万800円～（サービス料別）　カード／可　完全予約制
カウンター10席、個室4席
東京メトロ「銀座駅」B3出口より3分、JR「新橋駅」「有楽町駅」より各5～6分。

2007年5月

vivo daily stand

見ている先は
三十年後のvivo。
五十年後の日本。

中野駅南口。ビルの狭間に、レンガ坂という、地元の人が抜け道に使う小さな坂道がある。ピッチの上がる勾配とそこだけレンガの異国感は、ショートカットというよりワープな気分。通学路からはみ出た寄り道のように、平坦な日常を少しだけ冒険に変える。

一〇年前、この坂の上にバル「ビーボ・デイリー・スタンド」は生まれた。当時は飲食店のない、夜はシャッター通りになるただのショートカット。だが鈴木健太郎さんには、人々が足を止め、飲み、笑い合う姿が見えていた。

「坂の先は日本一人口密度の高い住宅街なんです。集合住宅が多いので。つまり、単身者が多いということです」

そこでなぜバルかというと、「人間は一人では生きていけないから」だ。

鈴木さんの大学時代は、バブル崩壊、阪神・淡路大震災、地下鉄サリン事件……日本中にやり場のない憤《いきどお》りが充満し、殺伐としていた頃だった。

日本が失ったものは何だったのか。旅に出た彼は、スペインでヒントを見つけることになる。つながれる場所、だ。

老若男女、地元の人同士、時には旅人も混じって挨拶したり他愛《たわい》ないお喋りをして日常の一瞬を共有する場所。スペインにはそれが「バル」という店の形で、どんな小さな町にもあった。違う考え方があっていい、人はそれぞれでいい。袖振り合うから他人も自分も認められる、心の距離が近くなる。

経済より何より、失ったのはこの豊かさじゃないか。だったらバルというコミュニティを母国にもつくれれば、豊かさの種を蒔けるかもしれない。

「切実に、日本にとって必要なんだとスイッチが入りました。できるぞ、でなく、やれと言われた気がした」

彼の本気は、選んだ道のりと費やした時間でわかる。経営を学び資金を貯めるため、会社勤めを約一〇年。夜は起業講座に通い、バーで現場経験を積み、その間もバルを見失わなかった。

二〇〇七年五月。レンガ坂の古本屋跡に「ビーボ・デイリー・スタンド」を開店しても、あくまでも一号店。一軒では日本を変えられないからだ。町に一軒ずつ、どこの町にもあって初めて「種」になる。範囲は、東京二三区。

「故郷や家族から離れた単身者の街・東京が変われば、日本は変わると思う」

あと五〇年で、二三区の一駅ごとに一店、約六〇〇店のビーボ計画である。

多店舗展開を見据えて、料理は「デリ」のスタイルに。シェフの手作りでありながら、一カ所で仕込んで運べるデリなら店ごとに料理人を雇う必要がなく、各店の料理の質も同じになる。

「料理人はいつか独立するもの。シェフが代わる度に味が変わり、休めばお店が回らない、では駄目なんです」

何より、スタッフを人柄最優先で決められる。彼の考えるバルで大事なのは、調理技術より挨拶や会話。しかも厨房が不要なら極小物件でもできるから、低予算で店を増やしやすい。

駅から三分以内、一〇坪以下、できれば一階。この条件で二年後に二号店を開店、七年目には一〇店舗になった。案外ゆっくり？と思いきや、初期は焦らず、直営店でビーボ・クオリティの魅力と信頼を築くのだそうだ。

多店舗といっても、「ビーボ・デイリー・スタンド」はコンビニみたいな同じ顔、ではない。東京は、一駅変われば町の雰囲気も住む人のリズムも変わる。バルの性格も違って当然だ。たとえばオフィス街の新橋は駅ビルで、朝からテイクアウトのコーヒーを。大久保は外国人旅行者向けのホテル一階に、情報交換できるカフェ的なバルを。大森は昭和の横丁にある建物、大塚は四〇年続いた小料理屋を引き継ぐことで、町の景色を遺していく。

現在一八店舗。フランチャイズ制を導入してスピードアップしてきたけれど、鈴木さんはやはり、焦らない。

見ている先は
三十年後のvivo。
五十年後の日本。

「老若男女が集まるバルを、すぐにつくろうなんて無理です。今の中心層、二〇代から四〇代の単身者が結婚して子どもができて、家族で通ってくれたときにやっとできるもの。一軒のビーボは三〇年後にできるんです。だからこそ、今から始めなければならない」

レンガ坂は、ビストロにバーに日本酒バルにイタリアン、個性的な店が連なるホッピング通りになった。思い描いた風景の中で、しかし今の鈴木さんが見ているのは、ビーボが六〇〇店舗に達する頃の日本である。

少子高齢化で人口が減り、経済が縮小。労働時間が減る代わりに、家で過ごす時間は増える。そのとき、近くのビーボへ。毎朝コーヒーを飲み世間話をしてから出勤したり、退職した夫婦が昼からワインで過ごしたり。いわく、成長をあきらめ成熟した社会になっている、はずである。

「もともと村社会の日本では、社会の中での過ごし方も、人との距離の取り方も得意だったはず。だから僕は新しいものをつくっているのでなく、元に戻しているのだと思っています」

ビーボは無休。一〇年、鈴木さんもほぼ無休。いつものキャップを被って、Tシャツに古着っぽいシャツをひょいっとはおって店に立つ。みんなと笑いながら、オーナーなのに皿を洗いながら、五〇年後の豊かな日常を取り戻そうとしている。

（2017年5月号）

鈴木健太郎さんは一九七三年生まれ。「五〇年で東京二三区内に六〇〇店のバルをつくる」を目標に、二〇〇七年五月、中野にデリとワインのバル「ビーボ・デイリー・スタンド」一号店を開店。二〇一〇年より「オー バカナル」等ビストロ経験豊富な料理人、花本朗（あきら）さんが参加。現在は全三三軒。すべてビーボでありながら同じ店は一軒もない、町の個性に寄り添う地元密着のバルを展開。

Shop info

東京都中野区中野３-35-６
☎03-5888-5476
㊋11:00～翌２:00　㊡無休
㊎予算1800円　キャッシュレス決済のみ
カウンター８席、テーブル４席
JR・東京メトロ「中野駅」より２分。

2007年

5月

歯車

心を照らす、
仄かな灯り。

二〇〇七年の晩秋だった。もう風も冷たくて、コートの襟元をギュッと握りながら熱海湯の前を走った記憶がだんだん蘇ってくる。緩いカーブが連なる神楽坂の路地に、一瞬漂う石鹸の匂い。走っていたのは、その突き当たりに建つ古いビルの二階、開店して半年のバー「歯車」に行くためである。午後三時から飲め、店の中は真っ暗だと聞いていたから、日が沈まないうちに明↓暗の落差を味わいたかったのだ。

　これが想像を超えた。足を踏み入れた途端に視界はシャットダウン。深海を泳ぐように進むと、体をゆったりと受け止める椅子や、肌当たりのやわらかなカウンターに辿り着く。目の前には揺らぐ蠟燭の火、それしかない。

　緊張から弛緩へ、呪縛から解放へ。「歯車」は外界から迷い込む人を導く、仄《ほの》かな灯りだ。静かに道を照らす店主は、このときまだ二八歳だった。

「バーとはギアチェンジをする場所。何かが少しずつ嚙み合わなくなってきたとき、ここで過ごした時間から、またものごとが回り始めるといいなと」

　圧倒的な暗闇は外から続くテンションを問答無用に断ち切り、酒のボトルを一本も置かないバックバーは「情報」から飲み手を自由にしてくれる。ボトルが並んでいると、人は無意識に品揃えを見たりラベルを読んだりの〝仕事〟をしてしまうから。

　ただ、ただ、ふわりとできるように。そうして人はやっと気づけるのである。こういう時間が大事だな、こういう時間がなかったな、と。

　端正だがどこか悲しげな目をした濱本義人《よしと》さんは、自身にブレーキをかけるみたいに、ゆっくりと話す人だ。

　手に職をもちたいと大学をやめた青年が、アルバイト情報誌で見つけたバーテンダーという仕事。その後、青山「バー・ラジオ」からカフェやフランス料理店経由で新宿「ル・パラン」まで、一〇年で自分のバーをもった。

表通りより裏路地がいい。酔客が入りやすい一階や「気が溜まりそうな」地階は嫌。見つけた神楽坂の元雀荘を、古い街に合うよう、デザイナーが能舞台をイメージして設計してくれた。「僕からは、シンプルにとお願いしただけです。カウンターと椅子さえあればバーはできる。(若くて)何もない自分だから、空間も何もなくていいと」

ただし、ガラス、木、和紙などの自然素材であること。カウンターには樹齢三〇〇年という北米産の松を使い、エントランスは竹、バックバーは杉。仕切りのガラスには和紙を挟み込む。自然の質感には、人の感性や想像力といったものを開かせる力がある。そこでゆっくりと、シガーやお酒を。

一〇年、濱本さんは訪れる人のギアチェンジを守ってきた。

大体においてお客は歳上だが、大声が過ぎれば、「静かにしてください」と諌めもする。「飲み過ぎですね」「そろそろ場所を替えましょうかね」も普通にある。ゆっくりと、しかし厳然と言うものだから、自称「僕は嫌われている」。

でも、それでいいのだ。濱本さんいわく、バーは嗜好品。みんなの八〇点でなく、彼が与えたいものを求める層にとっての一二〇点を目指したい。

世の中のスピードが増し、みんな手っ取り早く答えを欲しがるようになった時代。バーでいえば「おすすめは何ですか」とか、「一番おいしいお酒ください」とか。でも暗闇に身を置くこのバーでは、受け取るばかりでなく自らの想像力をもって参加する人がお客だ。自分はどんなお酒を飲みたいんだろう? 何を考えたいんだろう?

一見すると「歯車」は、何も変わらないように思える。

「やるだけやってみたら」と半ば先輩たちに呆れられた三時の開店も一〇年続けている。暗闇度は東日本大震災をきっかけに、うっすら椅子が見えるくらいにはなったが十分暗闇だ。お客の顔を見てから畳むふっかりとしたおしぼりも、濱本さんのゆっくりとした語り口も変わらない。

心を照らす、
仄かな灯り。

だが内面ではずっともがいてきた。

「最初は尖っていて。こんなバーをつくりたいとか、かくあらねばならぬという思いに自分自身が固まってしまっていた。一周年目に気づきました」

そうじゃない、変わり続けたいのだ。

以来、毎年一年を振り返り、テーマを考えている。優しくなろう、もう少し明るくなろう、苦手なことは何か、逃げていることはないか。そして今の自分に、やりたいことはあるのか。

じつは、店名の「歯車」にはもう一つ意味がある。

「歯車は一個じゃ成り立ちません。バーで誰かと時間を共有することは、たとえ言葉を交わさなくても人から何かを与えられ、たぶん自分も与えている」

人との関わり、つながりの連鎖で自分も動くことができる歯車。一〇年経ってようやく、店名の真実を照れずに語ろうとがんばっている。それどころか多くの人に伝えたいと願っている。真摯に謙虚に、野心を持って。彼自身の灯りに向かって歩き始めている。


（2017年6月号）

濱本義人さんは一九七九年生まれ。手に職をと大人の世界に憧れてバーテンダーの道へ。青山「バー・ラジオ」の尾崎浩司さんに立ち方歩き方から教わり、カフェやフランス料理店のサービスを経験、新宿「ル・パラン」を経て二〇〇七年五月に独立。生産者とつながり、愛媛のライムやブラッドオレンジ、八丈島のレモン、山梨の巨峰など日本各地の果物をカクテルに採り入れている。

Shop info

東京都新宿区若宮町16 塩谷ビル2階
☎03-5206-8837
㊢15:00〜24:00 ㊡月曜
¥予算4000円 カード／可
カウンター7席、テーブル3席
JR・東京メトロほか「飯田橋駅」より5分。

2007年

6月

オストウ

続けることで見えてくるもの。

一〇年前の六月二八日。代々木公園の蒸れた緑の匂いの中で、「オストゥ」初めての夜に立ち会った。満席だった。

「初日は絶対、バタバタです」

頼りなげな予告をしていた宮根正人さんは、しかし見た目には淡々と、最後のヘーゼルナッツのトルタまで全員をピエモンテの世界にさらっていった。

シェフになったんだなぁ、と感じた。

二〇〇二年、イタリアで修業中の彼を取材したことがある。当時、一年暮らしたロンバルディア州からピエモンテ州バローロの一つ星に移ったばかりで、やる気と戸惑いの間で揺れていた頃。この穏やかな声の若者が本当にシェフになれるのか、正直想像はできなかった。

結果を言えば、彼はピエモンテだけで五年を過ごした後に帰国。新店のシェフを探すオーナーと出会い、自身も出資して共同経営者として店を構えた。

「昔から、何をするにも人より時間がかかるんです。それでも続けていくと、だんだん見えてくるものがある」

イタリア修業の多くが、長くても三年ほどだった時代、計六年もの歳月をかけて摑んだ郷土料理。だがオーナーは「郷土色は要らない」と考え、玄人《くろうと》受けより、日本の旬を採り入れたみんなにわかりやすい料理が望まれた。

それは僕の料理ではありません。とは、宮根さんは言わない。かといってポストと引き換えに自分を殺すつもりもない。白か黒かじゃない。彼が選ぶのはいつだって、答えを急がない道だ。

バーニャ・カウダは「アンチョビソースのサラダ」、ブラザートは「牛ほほ肉の赤ワイン煮込み」と変換し、密かにメニューの二割を郷土枠に死守。評価を得て、翌年には郷土料理のコースを設け、旬のコースと並ばせた。

じつを言えば彼自身、振り切る決断ができないでいたのも確かだ。蒸し暑い夏に、日本の人は、バターのイメージがある北の料理を食べたいだろうか？

それでも作り続けることで、霧が晴れるようにわかってきたことがある。おいしい店なら溢れている東京で、「オストゥ」を選ぶお客の目当てはほぼピエモンテ。それも決まって「いつものあれ」と、気に入りの料理を繰り返し注文してくれること。この事実がどんなに〝有り難い〟ことか。

ピエモンテ料理店、と堂々と声にできたのは、四周年、東日本大震災の年に店を買い取り単独オーナーシェフとなってからだ。現地では伝統的に食べない海の魚をやめ、夜は日本の旬のコースをやめ。今では二皿を除くすべてが郷土料理。十年前は二割と書いたが、その二割は今もメニューにある。というかピエモンテに関しては、やめた料理がない。

「前オーナーに一時禁止された料理はあるんですよ、鶏のトサカを使う煮込みとか。でも独立後、メニューに戻しましたから」

ふふふと笑うシェフ歴一〇年の宮根さんは、相変わらず穏やかな声だけれど、もう迷っても戸惑ってもいないように見える。

辿り着きたい場所は、おばあちゃんのラビオリなんだそうだ。たとえ腕利きのシェフだろうが作れない、何百回、何千回と作り、回数を重ねることでしか得られない味がある。いわく「年輪の味」。彼はそこへ近づこうとしている。

同じ料理を繰り返し、とは、単に同じ仕事を漫然と繰り返すという意味ではまったくない。自分がピエモンテで経験したあの味、あの感じ。ここ東京でも、その到達点に向かって誤差を削り、日々磨き続ける仕事である。

それはどういう仕事か。卵黄をたっぷり使うタヤリンというパスタでいえば、昨年、ベストだと思っていた分量を見直してさらに卵黄を増やしてみた。試してみたら、これ以上近づけないと思っていたピエモンテの芯にまた近づけた気がしてしょうがない。

続けることで見えるもの。

思い込みを壊してみる。あたりまえにしてきたことを疑ってみる。追われず、はしょらず、やはり答えを急がずに。

「僕は完璧な人間じゃないから」

そのコンプレックスが、彼と、彼の料理を強くした。原点からずれていないか、気づかない何かがあるんじゃないか。不安だからこそ過信しない。

「オストゥ」は、訪れるたびに新メニューがあるような店ではない。「自信をもって出せる料理なんて、僕にはそんなにない」。の真意は、「本当に自信のある料理だけを出したい」だ。

「でなければ、お客さんのテーブルへ挨拶に行けなくなってしまう」

ある日、仕込み中の「オストゥ」ではTシャツにエプロンの宮根さんがタヤリンを切っていた。極薄く生地を延ばして、食感に変化をつけるため少々ラフに包丁で切り、手のひらで雛を包むようにそっと丸めて木箱へ収める。

一〇年、必ず味見をしてきたけれど、そのたびに思わず「おいしいな」と頷いてしまうという。一〇〇%自分に偽りなし。そういうピエモンテ料理を、私たちは東京で食べることができる。

（２０１７年７月号）


二〇〇七年六月に開店。当時は日本人コックのイタリア修業が長期化し、地方料理新時代の幕開けともいわれた。宮根正人さんは一九七四年生まれ。代官山「アントニオ」ほかを経て二〇〇一年に渡伊。イタリアでの六年間のうち五年をピエモンテで過ごし、四年間をバローロの一つ星「ロカンダ・ネル・ボルゴ・アンティーコ」で修業。最後の一年は肉屋、チーズ工房、パン工房などで学ぶ。

Shop info

東京都渋谷区代々木５-67-６ 代々木松浦ビル１階　☎03-5454-8700
㊒12:00～13:00(L.O.)、18:00～21:00(L.O.)　㊡水曜　木曜
㊃コース昼8000円、夜１万2000円(席料1000円)　カード／可　８席
東京メトロ「代々木公園駅」３番出口より１分、小田急線「代々木八幡駅」より３分。

6月 2007年

スパイスキッチン ムーナ

ベールをはがして、はがして
謎めいたその正体を知りたい。

長い間、インドは遠い国だったのだ。お隣中国なら四川や広東で食文化が違うと知っているのに、日本におけるインドは、インド料理という大ざっぱなくくり。それもたいていは北の料理。私たちがインド料理店で期待するのは、ナンと食べるドロッとしたカレーであり、タンドリーチキンやラッシーのセットだった。

しかしインドの北と南では、じつは人種も言語も違う。食も違って当然なのだ。

dancyuで南インドを特集したのは二〇〇六年。隅から隅まで読み込んだと言う諏《す》訪《わ》内《ない》 健《たけし》さんは翌年、下北沢に「スパイスキッチン ムーナ」を開店した。

「南インドは小麦でなく米が主食、カレーはスープみたいにさらっとしていて、味つけは薄め。乳製品よりココナッツミルクを使います。でも豆や野菜の旨味があるから〝ごはんと味噌汁〟のようなもの。日本人はきっと好きな味ですよ」

青森出身の彼がなぜ南インドなのか。出合いは受験で上京した一八歳。道端でいい匂いに誘われ、吸い込まれてしまったのが南インド料理店の草分け、麹町「アジャンタ」だったのだ。

これまでの人生で嗅いだことのない香り、食べたことのない味、感じたことのない刺激。

それから幾歳月。下北沢の人になり、朝まで営業のロックバーに勤める間もカレーを食べたり作ったりして、二八歳。店をもつと決めたとき、彼は南インド行きの飛行機に乗っていた。

「南の料理を、とにかく体に入れようと」

三カ月、食べ歩きだけでなく料理店の厨房や家庭の台所に入れてもらって一緒に作る。帰国後は銀座「デリー」、西新宿「ムット」などの厨房に入った。

当時「ムット」は日本に流通していない生のカレーリーフを現地から運んで使っていたし、ココナッツミルクの使い方も巧みで南インド出身者の溜まり場にもなっていた。いわばネイティブお墨つきの味だが、それでもお客の入りに悩むほど、まだまだ南は少数派の時代である。

と知りつつも、いつも「メジャーじゃないほう」を選んでしまう性分。いや正確には、「今は誰も知らないけど、可能性を感じてしまうほう」だ。

「開店当時はリトル南インドをやりたかったんです。南の食文化をカレーで伝えようと」メニューは「サンバル（豆と野菜のカレー）」と「チキンカレー」の二種類のみ。なかなかのハードボイルドである。しかも下北沢駅から二分とはいえ、ビルの五階でエレベーターは四階止まり。お客には、店を探し出し、かつ途中から外階段を上るほどの熱意が必要とされる。

熱意を待つこと、二年。「そろそろ必殺技を出そうか」と始めたのは魚のカレーだった。南では小魚や白身の魚をよく食べる。北にないアイテムは注目を集めたが、それでも「ナンはないの？」と訊かれ続ける現実に、諏訪内さんはボコボコになっていく。

南インドの可能性は信じていても、一本でいくには心と経営の限界か。

常連に「酒のつまみが欲しい」と言われ、「呑めるカレー屋」に方向転換したのはこの頃である。「スパイスキッチン ムーナ」の「スパイス」に主軸を据え、南インドだけでなくネパールやミャンマー、沖縄などのスパイス使いを広く取り込んでいく。旅先で覚えた、呑めるメニューも増やした。つまりここで、「ピュアなリトル南インド」をチャラにした。

五年が過ぎた頃だ。店は続けてきたものの、諏訪内さんは、ずっともやもやしていた自分に気がついた。このもやもやは何だろう？　考えて、こう思った。

「まだやっていないことがある」

それは原価率や採算性を気にしたカレーでなく、作りたくて作るカレー。彼は数字をいったん脇に置いて、使いたい材料を買ってみた。塩は海塩に替え、レモンは国産無農薬栽培に、ココナッツミルクは無添加に。油はサラダ油をやめ、白胡麻油、ココナッツ油、大豆油、マスタード油など質とバリエーションを揃える。

空振り三振覚悟のフルスイング。すると、それが逆転ホームランに変わった。

作り方は今まで通りでも、「味が優しくなった」と言われるようになり、お客が増えた。材料

ベールをはがして、はがして
謎めいたその正体を知りたい。

費はかかっても、売上が右肩上がりで店が回り始めた。何よりも、自分自身が楽しくなった。

「後ろめたさがなくなって、やっと自分の料理が見つかった気がしました」

目指すのは、素材が感じられる料理である。わかりやすい刺激でなく、穏やかだが「よい」味。そういう味を求めると、スパイスや調味料の数はどんどん削がれ、シンプルになっていく。「何を使うか」も大事だが、それ以上に「どう使うか」、すなわち技法に興味が向かっていった。

そもそも、原点の南インドに惹かれたのは、謎めいた料理だったからだ。どう作っているのかわからない、どうしたらこの香りが出るのかわからない。そのベールを一枚一枚、はがして、はがして、おいしさの正体へと近づいていく楽しさ。

「一〇年が節目だとは思っていないんですよね。インド料理は正解のない料理。歴史は長いし国土も広い国だから、きっと一生追いつかない」

遠くて神秘な国に憧れて、一〇年。ここ最近ようやく南インドはブレイクしたようだが、諏訪内さんの興味はもはや、インドのさらなる地方料理に移っている。まだ誰も知らないけれど可能性を感じる、はがしたいベールがそこにあるのだ。

これはエンドレスな恋だ、と思いながら、彼に一〇年後の自分を想像してもらった。

「僕は、謎めいたエスニックおじさんでいい」

夢見るように笑う人は、五階の窓から、移りゆく下北沢の街と人を眺めている。


（2017年10月号）

諏訪内健さんは一九七四年生まれ。バーテンダー、数回にわたるインドへの武者修行、都内インド料理店数軒を経て、二〇〇七年六月「spice kitchen moona」開店。「香めるカレー屋」をコンセプトに、南インド料理を核としてさまざまな土地のスパイス、料理を探求し続けている。

Shop info

東京都世田谷区北沢2-12-13 細沢ビル5階 ☎03-3411-0607
㈲ランチ 火〜金11:30〜14:30(L.O.)、土日祝は〜15:00(L.O.)
ディナー 18:00〜21:00(L.O.)、土日祝は17:30〜 ※売り切れ仕舞いの場合あり
㊡月曜、最終火曜日 ¥予算ランチ1500円、ディナー3000円 カード／可
カウンター5席、テーブル16席(貸し切り可能)
小田急線・京王井の頭線「下北沢駅」より2分。

立ってでも食べたい料理を！

2007年 6月

立飲ビストロシン

「歳を取っても、夫婦で小さい店を続けていられればいいな」

妻はささやかに願い、料理人の夫は、一年先も見えなかったと打ち明ける。

ただ、なすべきことは決まっていた。

「立ってでも食べたい料理を作る」

「立飲ビストロシン」は二〇〇七年六月、目黒に開店した。駅から目黒川へと向かう権之助坂、その途中に現れる短い商店街は、知る人ぞ知るラーメン店密集地帯。間違ってその隙間に入り込んじゃったような、鰻の寝床の一〇坪である。

高野信也さんにとって目黒は、新潟から上京して以来、地元になった街。結婚して、妻の聡子さんや家族と暮らしていく、ということもまた決まっていた。

信也さんの基盤は、現地でも学んだフランス料理にある。そこからイタリア料理、日本料理、厨房を出て外食企業の商品開発。すべての道は独立に通ず。で、あらゆる経験をレイヤードしてきた料理人だ。聡子さんは商品開発時代の元同僚。接客は未経験ながら、じつは鰻屋の娘、「感覚は何となくわかるかも」ということで、独りならぬ二人で立った。

ビストロ料理を気軽に食べてほしい。

と、ここまでは普通の発想である。しかし信也さんは考えた。この東京で「普通」をしていては生き抜けない。「気軽」をいくら謳っても、型通りのビストロではきっと伝わらない。折しも当時は立ち飲みブームが定着し、成熟期を迎えていた。ならば、バルや焼鳥だけでなく、ビストロ料理も立って食べられたら?

「立ち飲み＝気軽の信号になると思いました。だけどそこで出てくるのはしっかりした料理、むしろ立ってでも食べたい料理でなければ」

開店時、料理は上限九五〇円、グラスワインは六五〇円。三桁でありながら品書きにはプレ・サレ（塩仔羊）や天然魚介、銘柄豚が載り、季節には新潟の祖母と親戚から手摘み山菜もやってくる。自称、素材系料理人。まずは素材ありき、次に展開力だ。ひとつの素材から、どんな可能性が、いくつ拓けるか。おそらくは、シェフ自身が高揚する素材でなければならないのだろう。プリプリの鮮度にときめいてこそ、カルパッチョ、フリット、ローストと閃《ひらめ》いていく。ここで、経験のレイヤードが生かされる。

当初三〇品ほどだったメニューは、「増やすつもりはないのにどんどんできちゃって」最後に数えたのが一八〇品以上。今は数えようという気も起こらない。

「作っていると多く感じないんですよ」

信也さんは厨房で料理を生み続け、聡子さんはそれらの名を、子どもの命名のごとく半紙に書いていく。ついでに「旨！」とか「エビ好き集合！」など朱色で添えた一語が、おいしいよ、の気持ちをのっけて、旅立つ子らの背中を押す。

「立飲ビストロシン」では、呑んで顔を上げると絶対にこの品書きが目に入るのである。そりゃあお客も高揚して、食べる呑むが止まらないの図、になるわけだ。

ワインも今や三〇〇種以上。がぶ飲み時代から、泡、ナチュラル、日本ワイン。流行の変遷でリストが替わるのでなく、増える。だから何より量が大事な人も、濃い味好きも、自然な造りがいい人も全肯定。それぞれに呑みたいワインが見つかる、感じのいいリストである。

目黒の人は、たぶん彼らを待っていた。それどころか電車に乗って来る人まで現れて、一年経たずに小さな店は人で溢れ、立ち飲みなのに行列ができた。

二年目には三軒隣が空いて、入り切れないお客のための二号店をつくった。そういえば最近泡好きが多いよね、とスパークリングワイン専門店。シャンパーニュだけなんて特別なものじゃない、やっぱり気軽に呑める、みんなの泡である。

努力家で、アイデアマン。妻は夫をそう敬う。信也さんは二〇歳から、若い頃は昼も夜も、休日の食べ歩きを続けてきた。話題の店へ、あるいは一つの街を集中的に歩いて店に飛び込む。そ

立ってでも食べたい料理を！

れは趣味であり勉強、つまりは好きなことだ。

「見たことのない料理を知りたい。刺激を受けて、料理もワインも質を高めたい」

そうして食べ、呑み、本を読んで蓄えた知識を、的確に引き出せる人。じつは店の内装もすべて信也さんのアイデアだ。

いわく、お洒落はいらない。

「お洒落な店と、おいしそうな店は違います。お洒落過ぎると料理がおいしそうに感じられない」

感じて欲しいのは、心をほどいたところに降ってくるおいしさ、楽しさだ。

二〇一八年一月、目黒駅すぐの新築ビルに三号店がオープンした。ガラス張りがお洒落っぽく見えちゃって、と悔しそうな信也さんに、なぜ新店を？と訊ねた。

「厨房が広くなって機器も入り、何でも作れる。料理のレベルを上げられます」

そうだった。彼にとってはただ、質を上げることしか考えなかった、一〇年。品書きはさらに洪水し、満員電車並みのギュウギュウでムンムンの中、聡子さんは「狭いところでごめんなさい」とお客に声をかける。つい心配になってしまう、それも一〇年、慣れることがない。

相変わらず、である。まさか三軒も店を持つなんて想像すらしなかったあの頃も、今も、変わらない二人が人を呼ぶ。


（2018年6月号）

三店舗集約、店名変更／二〇二〇年九月、「立飲ビストロシン」、同「2（ドゥ）」は閉じ、三号店の「立飲ビストロシン サンテ」（二〇一八年一月開店）に集約された。「環境の整った一店に集中して、質を高め、新しい料理を生み出したい」。コロナ禍が、踏み切るきっかけとなった。現在、聡子さん直筆の品書きと気軽さはそのままに、椅子が置かれ、料理とワインはさらに突き抜けた。ちょっといいお値段の品もある一方、変わらず一〇〇〇円を切る料理は多く、幅が広くなった印象だ。

立飲ビストロシン サンテ

Shop info

東京都品川区上大崎3-1-1　☎03-6450-4295
㊖平日11:30〜14:00(L.O.)、16:00〜22:00(L.O.)、土日は〜20:30(L.O.)
㊡月曜　他に不定休あり　㊎予算昼3000円前後、夜3500円前後　カード／不可
椅子席40席、スタンディング約12席
JR、東京メトロ、都営三田線「目黒駅」東口より1分。

優しくて楽しくて
普通と違う、だから愛しい。

2007年 7月

餃子坊 豚八戒

「豚八戒《ちょはっかい》」にはハッピーしかない。いや、始まりはちょっとスリリングか。

中央線にある胡同《フートン》的路地裏、古い木造家屋を分割した店は猫の額。七人できゅうきゅうのカウンターに収まると、目の前には小さな女の人と大きな男の人。ニコニコしている。背後で、はしごみたいな階段を上り天井の四角い穴へ吸い込まれる人がいた。ほどなく笑い声と、ギシギシッと軋《きし》む床の音が頭のすぐ上で鳴る。

と、「華餃子《はなぎょうざ》お願いしまーす」という声が響いて落ちる。上から下へパイプを伝って……ってこれ、塩ビ管では？　はーい、と小さな女の人が餃子を包み、焼き上げた。パリッとした羽根つきだ。大きな男の人はその皿を棚に収める係。なぜ棚に。すると紐が引かれ、餃子はつるつると天に昇っていくのだった。おお手動リフト！ってこの棚、岡持ちでは？

まるで『チャーリーとチョコレート工場』。餃子だけど。おとぎ話と現実のあわいにあるような店の餃子は、阿佐ケ谷で一〇年、やはり映画と同じように街のみんなを虜《とりこ》にしてきたのである。

香山謙吾《こうやまけんご》さん、陳培霞《ちんばいか》さん夫妻が営む「餃子坊　豚八戒」。培霞さんは餃子のソウルをもつ中国・ハルビンの出身だ。

「向こうでは一人六〇個くらい食べます。関西のたこ焼きみたいに、週末、家族でわいわい作るもの。子どもたちは生地で遊びながら包めるようになるんです」

小さな手から生地の感覚を覚えてきた人にとって、餃子は日常。だからこそ、それが仕事になるとは思わなかった。日本に来たのは語学留学のためだ。大学に通いながら飲食店でアルバイトをしていたら、系列店で謙吾さんが働いていた。

一三歳上の謙吾さんには、それまでのちょっとした遍歴がある。高校を三日で辞め、ＤＪ、飲食店経営、陶芸家。神戸へ湘南へハワイへ石垣島へと風の向くまま、海の近くで生きてきた。

「でも石垣島から四年ぶりに実家へ帰ったら、親父が亡くなっていて」

一度ちゃんとしよう、と髪を切って上京し、職業安定所で探した飲食店に就職。そこで培霞さんと出会うことになる。二〇〇六年、彼女の在学中に結婚。自宅近くでふと見つけたのが今の物件だ。たった四坪、古いから家賃も安く、女一人でもなんとかなりそう。つまり、当初は妻一人の店になるはずだった。

「卒業したら、仕事をしないとね」

店は、彼女の就職先だったのだ。だから「どうしても借りたい」と何度も大家を訪ねた。結果はこの通りの愛されよう。ただ運がよかっただけ、と培霞さんは笑うけれど。

一方、改装の段になると俄然、謙吾さんの人間力が生きてくる。石垣島から大工道具を抱えて来てくれた友だち、溶接もできるバイク屋の友だち。カウンターは近所の材木屋で買った板を妻が削って磨き、例の塩ビ管は夫がホームセンターで閃いた。カウンターを出ずに二階の注文をどう受けるか？　考えあぐね、一時は本気で糸電話案まで浮上したという。

二〇〇七年、七夕の日に餃子坊「豚八戒」が開店。ちなみに、餃子の店にしたら？と助言したのは謙吾さんである。

「日本では、ハルビンの餃子がなかなか食べられないなぁと思っていたから」

中華料理店のメニューの一つでなく専門店の味、もっと言えば陳家の餃子をちゃんと作れば受け入れられるはず。

それを受けて、培霞さんはこう考えた。

「店の餃子は家で作るのとは訳が違います。安定しておいしく作れなければ」

適当が好きじゃない、と言う彼女の中にはいつもハルビンの父の言葉がある。

〝人を騙すようなことをしてはいけない〟

飲食店において騙すとは、味を誤魔化したり手順をさぼったりすること、と娘は受け取った。

「豚八戒」の餃子は、基本、培霞さんの好きな味。焼・水《すい》（ゆで）・蒸のバリエーションがあり、それぞれに皮も餡も違う。餡には豚肉やエビのほか、干し椎茸、厚揚げ、豆腐にたっぷりの野菜。

優しくて楽しくて
普通と違う、だから愛しい。

医食同源の考えから漢方の調味料も使う。

誰も知らなかった、毎日口に入れたくなるごはんのような餃子。知ってしまった人が人を呼び、すぐに満席が続いて、へとへとの妻を見かねた夫が会社を辞めた。夫婦で店に立ったのは二カ月後から。以来、餃子も料理も担当は培霞さん。謙吾さんはドリンクや調理補助、というかチャーミング担当かもしれない。

「僕はずっと餃子作りを固辞してきたの。だって包めるようになったら、やらなくちゃいけなくなるじゃない！」

こんな調子で、仲よく一〇年。昨年には赤ちゃんが生まれ、もうすぐ「豚八戒」は三〇席の店になる。同じ建物の隣の部屋が空いて、大家が「どう？」と声をかけてくれたというのだから、ハッピーな人はハッピーを呼ぶのだろうか。

でもじつは僕はネガティブで気が小さい、と分析する夫。逆に大らかだという妻へ、彼に惹かれた理由をそっと訊いてみた。

「優しい、面白い、楽しい。知ってることがたくさんあって、普通と違う」

妻の口から溢れ出る夫の好きなところは、そのまま「豚八戒」という店になる。

（2017年9月号）

二〇〇七年七月七日に開店。陳培霞さんの手によるハルビンの餃子と小料理が評判となり、二カ月後から夫の香山謙吾さんと二人で店に立つ。店の前には行列ができ、なかなか入れないお客から叱られることもたびたびで、二〇一七年八月に約三〇席の離れ「天竺」が完成。これまでの小さい店も健在で、厨房は一つ、でも入口は別々の、やっぱりどこか〝普通と違う〟店。現在は二時間制として、予約も一八時と二〇時に可能。スタッフも増えたが赤ちゃんも増え、夫妻は二児の父と母になった。

Shop info

東京都杉並区阿佐谷南３-37-５　☎03-3398-5527
㊄18:00〜22:30(L.O.)　㊡日曜 月曜
㊎予算2000円　カード／不可、paypayは可
１階カウンター７席、２階４名〜、離れはテーブル席20席、個室あり
JR「阿佐ケ谷駅」より１分。

2007年10月

リストランテ

ラ・バリック・トウキョウ

イタリアの真似じゃない、日本のリストランテを。

〃長い間、日本のリストランテには拭えない欠落感があった。どんな巨費を投じて真似ても追いつけない何か。この店を訪れたとき、ああそれは建物がもつ物語だったのだ、と気づいた。〃——一〇年前、「リストランテ　ラ・バリック・トウキョウ」の誕生を伝える記事に、私はそう書いた。玉石のアプローチを上がり、すり硝子の戸を引くと、目の前に広がったエレガントな赤い絨毯《じゅうたん》。あの高揚感と不思議な着地感は、忘れられない。

オーナーソムリエ、坂田真一郎さんの生家、曾祖父が終戦直後に建てた昭和の木造一軒家である。四世代家族も次第に住む人がいなくなり、解体案も浮上したとき、イタリア帰りの曾孫はリストランテとして建物を生かし続けていこうと考えた。

というといかにも順調そうだが、話はそう簡単じゃない。家族、親戚、知人までもが猛反対。彼らは揃ってこう言った。

「何一つ、成功する理由がわからない」

都心の賑わいもなく、自然豊かな郊外でもない江戸川橋。並木道でなく首都高の高架下をくぐるロケーション。大通りでなく、路地裏のさらにビル裏に隠れた立地。ここで地域密着の店ならまだしも、高級店だなんて。しかし、坂田さんには誰かの「成功する理由」のほうが退屈に思えた。そういう店なら、東京にはとっくに溢れている。

イタリアのリストランテは、いい店ほど不便な場所にあった。なぜならそれは、故郷、家族、歴史、記憶といったルーツの上に立つものだから。彼は日本で、東京の江戸川橋でそれをしたかったのだ。

「自分と関係ない時間を刻んできた何かにのっかるのが嫌でした。だから単に古民家でやりたかったのでなく、生家で。先祖から続く時間の流れを継ぎたかった」

確信も、じつはあった。

「付加価値があれば、人は足を運んでくれる。この家なら付加価値になれると」

曾祖父が故郷・富山の職人に依頼した、牡丹《ぼたん》や鶯《うぐいす》の華やかな欄間《らんま》。上がり框《かまち》に雪見障子など和の設えに、イギリスの絨毯とイタリアの椅子が映える和洋折衷。

「床を絨毯にしたのは、幼い頃の記憶が源です。外でご馳走のときに、革靴を履いて踏んだふかふかの感触。それが、これからおいしいものが食べられるぞ、とわくわくする気持ちと一緒になって残っている」

根気強く説得し、開店のお披露目へ真っ先に招いたのは、その親族と近隣の人々だ。「おまえの親父のおしめも替えたぞ」と言う大先輩たちに、自分の描いた形を見てもらう。高級店ながら、彼らが気軽に来やすいよう、平日はパスタランチを設定。このランチはずっと残している。

代々町会長を務めてきた坂田家は、昔から人の集まる家だった。電話が普及する以前、近所の人が借りに来た玄関の電話台はレセプション（受付）に。盆暮れ正月と宴会が繰り広げられた居間はホールに。応接間はウェイティングルームに。家が人を呼び、人が家を温め続けた。

建物の話が長くなったが、リストランテとは総合芸術だ。彼のワインとサービスに、コンビを組むのはイタリアと日本で経験を積んだ伊藤延吉《のぶよし》シェフ。遡ること二〇年前、二人は修業先の「アカーチェ」で知り合った。二七歳の坂田さんは、「仕事を覚えるのが早く、まかないも抜群だった」二二歳の伊藤さんに、独立するときは一緒にやろうと声をかけた。

「いいッスよ」。即答だった。

それから別々の道を辿り、それぞれに自分を育てて一〇年、育った力を合わせて一〇年。

「ラ・バリック・トウキョウ」とは、坂田さんの修業先、ピエモンテ州トリノの一つ星リストランテの名を冠した店名だ。ロゴマークもイタリアと同じ。けれど三年前にもう一つ、東京独自のロゴマークが加わった。ブドウとオリーブの枝を合わせたデザインは、「ワインと料理」の象徴であり、「サービスとキッチン」のチームワークでもある。

厨房は一〇〇％伊藤さんに任せられる。だから坂田さんは、それ以外を考える。

イタリアの真似じゃない、
日本のリストランテを。

「僕が手本にしているのはイタリアでなく、むしろ日本のおもてなしです」

日本では、何もかもを言葉にしてしまわない。玄関先の打ち水でお客を迎える意を表す文化。承知しております、を伝える目くばせや仕草。左利きの人にはそっとナイフとフォークを逆にセットし、グループの中の一人がお酒に弱ければ、少なめにしましょうか、と思い遣る。

坂田さんは「リストランテとはこういうもの」と語る以前に、お客となる一人ひとりの違いを受け容れ、その人の目線で考える。それは昭和の時代、祖父母の世代が得意だった「気働き」にとても似ている。

たしかにリストランテはイタリアの食文化だ。しかしイタリアの真似をするだけではまだ借り物で、ルーツを摑んで初めてそれは「何年経っても色褪《いろあ》せないオリジナリティ」になる。サービスをおもてなしと言い、カメリエーレを給仕と言う彼は、おそらく一〇年先も変わらない時間が流れる「日本のリストランテ」を続けていると思う。

（２０１８年１月号）

坂田真一郎さんは一九七一年生まれ。ピエモンテの一つ星でソムリエを二年務め、二〇〇七年一〇月に独立した。二〇二二年、初代シェフの伊藤延吉さんの独立に伴い、伊藤敏浩さんがシェフに就任。一九八二年生まれの新シェフは、「アカーチェ」時代に坂田さんが面接して新卒採用し、伊藤延吉さんの下で五年、「ラ・バリック・トウキョウ」では開店メンバーとして六年を過ごした。二〇〇九年六月、イタリアワインと食材、惣菜の店「ロッソ・ルビーノ」を近所に開店。こちらは杉田充史（あつし）シェフによる料理が、ワインとともに楽しめるイートインも併設。

Shop info

東京都文京区水道２-12-２
☎03-3943-4928
㊐11：30〜12：30（L.O.）、18：00〜21：30（L.O.）
㊡火曜　水曜
㊉コース昼3900円〜、土日祝は8800円〜、夜１万9800円〜
カード／可　18席（個室６席含む）
東京メトロ「江戸川橋駅」より３分

最初の気持ちが、ずっとある。

2007年 10月

ピッツェリアGG

井の頭線の電車が終点に着いても、公園へ続く道を歩きながらも、考えていた。

「キャラも経歴も違う彼らは、一〇年、何によってつながれてきたのだろう?」

うっかり通り過ぎそうになった「ピッツェリアGG」は、井の頭公園より手前あたりの地下にある。極めて自己主張のない佇まい。だが、その狭い階段の下はナポリだ。ずんぐりとした窯を飾るタイルのくすんだ風合いも、薪の朱《あか》い火が放つ熱も、焼けた小麦と揚げものが混じった匂いも。それらの中心で生地を打つ、Tシャツ姿のピッツァイオーロ(職人)も。

河野智之《こうのともゆき》さんは、大学の卒業旅行先だったナポリで職人の姿に憧れた。自分の道を決めて再訪すると、そこには一八歳で単身渡伊、ナポリでもさらにピッツェリア密集地帯で働く中村拓巳さんがいた。

「中村の部屋に居候して、隣の部屋が空いたら隣に住んで、いつもピッツァのことを話してました。打ち粉やのばし方の話とか、何を〝あたりまえ〟だと思うか、とか。話せば話すほど、考えが同じだった」

たとえばピッツェリアと名乗るからには、料理なしのピッツァ勝負。サイドメニューに揚げもの程度の店を指す。それがナポリのあたりまえ。しかし当時の東京では料理と一緒があたりまえ、数百円の大衆食を数千円でありがたがる。それは彼らの知るナポリとは違う。

河野さんは一年一〇カ月、中村さんは延べ約三年。日本人のピッツァ修業は数週間から三カ月などの短期間が多い中、街に根を下ろし、街に育ててもらった者には違和感だらけなわけで、彼らがこう思うのは必然だった。

「現地と同じ材料、同じ技術、同じ価格帯で、東京のナポリピッツァを」

二〇〇七年、出資者を得て東中野に開店した二六歳と二二歳のGUAGLION《若造》の店「GG」は、だから純正ピッツェリアである。消費税五%時代のマリナーラ六五〇円は精一杯の低価格だったが、皮肉にも安かろう悪かろうと誤解されたのか、職人二人を抱えるには厳しい状況が続く。一年後、中村さんはいったん離れて他店で働き、お金を貯めてナポリへ飛んだ。

「ナポリ人になりきりたい」

おそらくはそれが彼の原点で、何度もこの言葉に立ち返ってきたのだろう。そして河野さんもまた一カ月店を休んで、原点の街へ。ここで出会ったのが大削《おおげ》恭介さんだ。路上で喋っていたら、大切な修業メモの入った鞄がひったくられて、と切なく語るのは大削さん。追っかけて転んで大笑い、とは本人以外。でも二人いわく、なんかいいやつだなと感じた。

店が軌道に乗って中村さんが復帰すると、現地で半年間の修業を終えた大削さんも参加。いや、本当は地元の京都へ戻る途中、東京で食べ歩きしようと立ち寄っただけだったのだ。荷物も一週間分しか持っていなかった。でも、結局そのまま八年になる。

「京都では料理人だったので、職人としては『GG』から始めたようなもの。二人は深夜三時四時まで練習につき合って、毎日六〇枚くらい焼かせてくれた」

二〇一〇年、河野さんがオーナーとなり、「ピッツェリアGG」は吉祥寺へ移転。「ナポリそのまま」に磨きをかけ、現地の窯職人、エルネスト・アリアルロ氏を呼んで伝統的な積み上げ式の窯を造った。組み立て式とは蓄熱性が断然違う。生地の仕込み、焼き場などの持ち場を交替しながら、彼らはこの窯で一日二〇〇枚、無休でピッツァを焼き続けた。

「職人同士の、近いところでのライバル関係」。野武士のような面持ちで、河野さんは三人の関係をそう呼んだ。毎朝、ほかの誰かが捏ねた生地を焼きながら「いい生地だな」と悔しがったり、「俺の勝ちかな」とニヤリとしたり。

毎年一度はナポリに帰って、昼二軒、夜二軒のピッツェリアを一緒にはしごする。みんなだんだん食べられなくなってきたけどね、と一番歳下の中村さんは笑った。

「この三、四年でとくにナポリは変わっています。今のナポリを知っておきたいし、僕らの知識ももっと増やしたい」

最初の気持ちが、ずっとある。

夢中になる、ってこういうことだろうか。「ピッツェリアＧＧ」のメニューは当初からほぼ変わらない定番ばかりだが、じつは粉も、チーズも、生地を捏ねるマシンも改良を重ねている。もっと腕を上げ、もっとおいしく。終わりなき職人の人生を、彼らは夢中で楽しんでいる。

「ナポリで出会って、ナポリで学んで。あの最初の気持ちがずっとある」

二〇一三年、鎌倉に二号店ができた。これを機に、東中野時代の仲間だった濱口博信さんが再加入、新しいスタッフも増えた。大きなチームになってもなお、一人も欠けない彼らをつなぐものはなんだろう？　自分で訊ねておきながら、野暮な質問だったなと気がついた。

（２０１８年２月号）

二〇〇七年一〇月、東中野に開店。「ＧＧ」とは、ナポリで親しみを込めて呼ぶ「若造」の単語の略。河野さんは一九八一年生まれ（写真左上）、中村さんは一九八五年（右下・中）、大削さんは一九八二年（右下・左）、濱口さんは一九八八年（右下・右）。「ピッツェリアＧＧ」は二〇一〇年に吉祥寺へ移転、二〇一三年には二号店となる鎌倉店を開店。大削さんは二〇一九年に京都・宇治で「アンティカ・ピッツェリア・ラジネッロ」を独立開業したが、相変わらず仲がいい。

Shop info

東京都武蔵野市吉祥寺南町１-17-１
プレジール地下１階
☎0422-26-5024
㊇11:30〜14:50(L.O.)、18:00〜21:20(L.O.)
㊡不定休
㊎予算2000円〜3000円　カード／可　28席
JR・京王井の頭線「吉祥寺駅」より５分。
●鎌倉店(神奈川県鎌倉市由比ガ浜２-９-62)は、
１〜３月冬期営業。㊇11:30〜20:50(L.O.)

仮説、実験、改善、の高速回転。

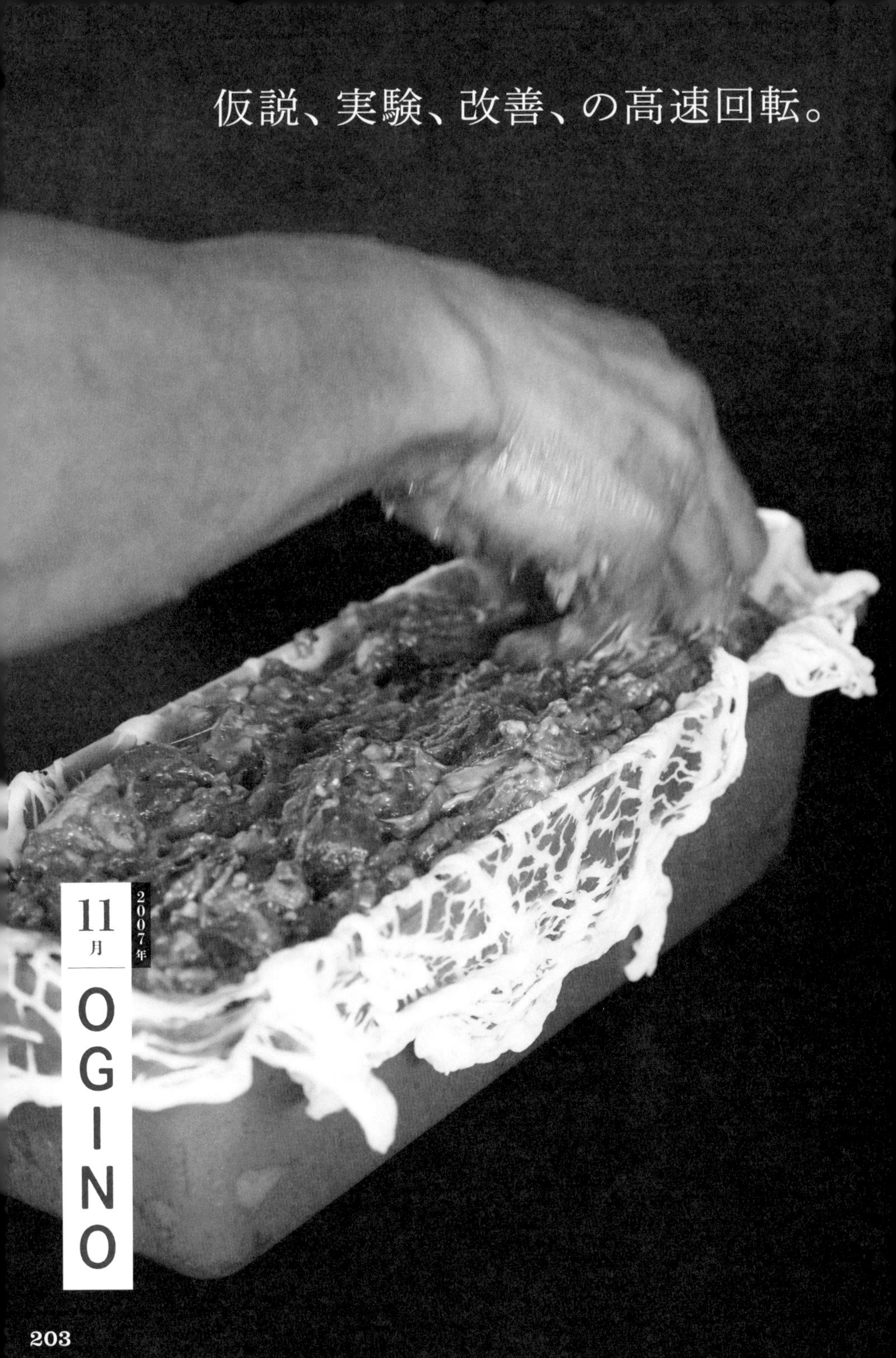

11月 2007年
OGINO

ギリギリ二八歳という若さで、自分の名のレストランを構えたシェフは言った。

「一〇年後、厨房に立っていられるかどうかなんてわからない」

いくつかの意味が含まれている。東京の飲食店の平均寿命は一〇年、と何かで読んだこと。予約が取れないと騒がれるのも二、三年という現実を見てきたこと。

そして二三歳で大病をしたことだ。幸い自分は命を拾ったが、人生は、突然止まることもある。身をもってそう知った人の思考は、「決めたら必ず」であり「今すぐ動く」になる。

彼の疾走感が、腑に落ちた。

荻野伸也さんは、二〇〇七年一一月二三日にフランス料理「オギノ」を開店して三日後、二九歳になった。三〇歳を待たず予約が取れない店になり、お客がやっと道順を覚えた頃には、「店が狭過ぎて妊婦が通れない」と駅の反対側へ移転。通販、催事、デリ、カフェ、プロデュース業と「動いた」。だが本人いわく、じつはこれらの何倍も動いては、失敗している。

「僕はだいたい、一勝九敗です」

そういえば、開店直後の「オギノ」を訪ねたとき、客はたったの二組だった。人間よりお祝いの胡蝶蘭のほうが多く、けどなぜか、全然寂しげじゃない。冬なのにTシャツ姿の荻野さんはボクサーみたいな軽さで動き、ベカス（山シギ）は頭ごと焼かれて現れる。池尻大橋の平和な住宅街でまさかの野鳥の頭、である。

寂しげじゃない閑古鳥は三カ月鳴き続けた。いや、たった三カ月で鳴き止んだ。それは「決めたら必ず」を破らなかった彼の、最初の一勝である。

決めたのは「しないこと」であった。苦し紛れのランチ、素材の妥協、量を減らす、は絶対にしない。高級食材もバンバン買って、バンバン残って、まかないは毎日豪華。ケチったら負けだ。呪文のように唱えつつ、彼は待っていたのである。

お客を？　少し違う。九九人が嫌いでも、猛烈に好きになってくれる一人を、だ。

「全員に好かれなくていいんです。二〇席を一カ月埋めるには、東京都民一二〇〇万人として五〇〇人いればいい。ただ、その五〇〇人が通う動機は〝好き〟じゃ駄目。〝猛烈な好き〟が必要」

だから、振り切った。ジビエは苦手な人も多いだろう。軽く少なくのご時世に、圧倒的な質と量は明らかに逆行している。それでも九九人の顔色をうかがっていては、猛烈な一人に響かない。

折しも二〇〇七年は「ビストロノミー」がフランスから上陸した頃だった。ガストロノミーの技術を備えたシェフによる、ビストロ以上、レストラン未満の店。誰もが「気軽」を謳う中、荻野さんは「じゃあ気軽ってどういうことか」を徹底して考えた。

彼には、どうしても気軽でなければならない理由があったのだ。

「フランス料理文化を、大衆化させる」

他国の料理を愛したシェフによる、誠に勝手ながら、純な使命感である。「オギノ」の代名詞、「お好きなだけパテ・ド・カンパーニュ」も大衆化作戦の一つ。大皿から食べたい分だけ自由に取れる仕掛けは、フレンチと楽しさを結びつけた。

「でもね、レストランの二〇席、外食を楽しめる層の二〇人だけを相手に、大衆化なんておかしいじゃないですか」

野望は、パテがコンビニに並ぶ日だ。まずは催事へ、ウェブ通販へとパテをレストランの外に出す。すると、パテの材料となる国産豚を探していたときだ。「大きく育ち過ぎた豚は、規格外扱いで二束三文の価格か、処分される」という畜産家の声を聞いた。

「同じ手塩にかけた豚なのに」と同時に、こう浮かんだ。

「(肉をほぐす)リエットならいける」

生産現場は、東京の料理人が想像を絶する問題を抱えている。そして「東京」という発信力のある場所で、「料理人」をしているからこそできることがある。荻野さんは農業、環境、流通などの本を大量に読み、自然農法の勉強会に参加し、数々の産地へも足を運んだ。そこには肉でも

仮説、実験、改善、の高速回転。

野菜でも、真っ当な食をつくろうとしている人々の姿があった。

原動力は、憤り、なのだろうか？　みんながおかしいと気づきながら、打開できない現状がある。なぜできないのか。どうしたらできるのか。その言葉を、彼は社会にも自分にも突きつける。「悶々と考えて、決めたらやる、失敗したらやり方を変える。それを高速で繰り返す。仮説と実験と改善の高速回転です」

食は、人の口に入るもの、人の身体をつくるもの。同じ志を持つ生産者と料理人のマッチングで、道は拓けるはずだ。という仮説から、荻野さんは全国八〇の農家と契約。育てた野菜は全部買うことに決めた。当然ながら、全部売らなければならない。そこでシャルキュトリーとフレンチ惣菜の「ターブルオギノ」を立ち上げ、食材の出口をつくったのである。

高速回転の一〇年。

日本中を飛び回りながら、それでも料理人は、今日も厨房に立っている。相変わらずTシャツが似合って、誰よりも動いて。「僕は結局、ブーブー言いながら一生肉を焼いている気がする」とぼやき気味に笑いつつ、パテを仕込んでいる。これからデパ地下や駅ナカに並び、数百円で買われ、それぞれの家で食べてもらえる、大衆のパテである。

（2018年4月号）


閉店、フリー料理人／コロナ禍、「これからの世界で、料理人にできることはもっとある」と考えた荻野さんは、フリーとなってレストランを飛び出した。二〇二〇年三月に「オギノ」を休業、一一月の一三周年をもって閉店し、「ターブルオギノ」も一旦終了。そして二〇二三年秋、スケールアップしたセントラルキッチンが完成する。惣菜、冷凍、レトルト、缶詰など〝出口〟がさらに増え、輸出も可能。食料廃棄などの問題にも取り組みながら、自身の料理が〝生活〟に届く、新たな道へ。

2008年 2月

ショコラティエ イナムラ ショウゾウ

どんな場面でも
人を幸せにできる
小さな食べもの

「原点」は、母のドーナツだった。

共働きだから年二、三回だったが、生地をのばして型を抜いて一緒に作る。

「なんて楽しいんだろう」

その小さな幸福感が、稲村省三さんをお菓子へと導き、世界を見せ、ホテルのシェフ・パティシエにした。「パティシエ イナムラ ショウゾウ」を上野桜木に構えたのは二〇〇〇年一一月。日本を代表する菓子職人はまた、配達係や苦情係を自ら引き受ける人でもある。

「僕が運ぶと配達先が喜んでくれる。苦情は、トップが行けば一度で済みます」

あの日も苦情処理だった。日曜午後という大行列、大混雑の息もつけぬ時間帯。「箱を開けたら、ケーキが一個足りない」という電話に泣く泣く店を抜けてバイクを飛ばし、一個を届け謝罪した。帰る途中、無性にいつもと違う風景が見たくなって、回り道。すると谷中のあたりで、こっちこっちと誘うような矢印がある。なんとなく曲がってみると、猫の額ほどの土地がぽっかりと空いていた。

それが二店舗目、「ショコラティエ イナムラ ショウゾウ」の始まりだ。

なぜ、チョコレート専門店なのか。

いわく、たった三〇年前の東京で、チョコレートといえばスイスとベルギー、くらいの認識だったのだ。それからフランスの職人によるショコラが上陸、高配合カカオ……。チョコレートの世界は激しい変化と進化を遂げてきたし、これから先もそうだろう。

稲村さんは、そこに「本質」を見た。

進化し続けるのは、人が「もっともっと」と求めてやまない何かがあるからだ。カカオが神の食べものと呼ばれた昔から、薬にも媚薬にもなってきた所以《ゆえん》である。

「チョコレートは、人の幸福感や安堵感へと完結していく食べものです」

二〇〇〇年以降の東京はショコラティエ百花繚乱期。生産性を上げるため冷凍する店もある中、稲村さんはこう考えた。

「それは本質ではない。作りたての香り、味、口溶けに敵うものでは到底ない」

二〇〇八年二月開店の「ショコラティエ イナムラ ショウゾウ」では、ボンボン・ショコラ（粒のチョコレート）を一〇種に絞り込み、一つ一つを精査した。外のチョコレートと中のガナッシュ、それぞれの個性を立たせながら、口に広がり、まったりと溶けていく感覚。それを叶える味、質、分量、形はどのポイントか。

結論は三センチ四方、ガナッシュの高さは八ミリ。高さ一〇～一五ミリが常識だった当時、それは衝撃の薄さだった。

「妥協が嫌なんです」

「できない」でなく常に「どうしたらできるか」と考え、「もはやこの答えにしかならない」地点まで考え切る。この癖は「ホテル西洋銀座」時代の総料理長、鎌田昭男さんに植えつけられた。当時は大嫌い、でも今は感謝しかない人。そう言える師に食らいついて拓いてきた、パティシエの道である。

だがそれも過去のメンタリティなのだろうか。

五年ほど前から、「目標もなく、携帯の画面を切り替えるように店を替えてしまう」人間が増えたと、稲村さんは気づいていた。もちろん労働環境も整えたが、問題はもっと根が深い。かつて日本人が共有していたはずの敬意や感謝、仕事への愛はもはや失われた、と覚悟した。

かわりに今、アジアの若者たちが東京で食らいつく。「もっと仕事させてください」「教えてください」と目を輝かせ、技術を貪欲に吸い込もうとする姿は、昭和の時代、海外で必死に修業した日本人と重なって見える。

先輩たちがそうして日本を押し上げたように、彼らは祖国を急速に発展させるだろう。そのとき、日本はどうなるのか。

どんな場面でも
人を幸せにできる
小さな食べもの

「AIの時代もすぐそこ。だったら私たち職人は真心と本質です。それがない限り、人の心を打つものはできない」

店で買われたショコラは、その後、どんな場面で食べられるのかわからない。その人にとって、つらい悲しい日かもしれない。だとしても、口にすれば一瞬、癒やされ元気になれる。一〇年、つくり続けてきたのはそういう幸福感だ。

「若い職人が育たないのなら、店を小さくしてでも本質を守っていくしかない」

つい先日六六歳になった菓子職人は、今も食らいついている。

（2018年5月号）

二店舗集約、店名変更／上野桜木の店を閉じ、二〇一九年八月、「パティシエ ショコラティエ イナムラ ショウゾウ」としてリニューアルオープンした。カフェをやめ、ショコラ・生菓子・焼き菓子を一店に集約。「いいものだけをつくりたい」との強い思いから〝考え切った〟その答えは、正解だった。稲村省三さんは一九五二年生まれ。「ホテル西洋銀座」では一四年間シェフパティシエを務め、二〇〇〇年に独立。菓子職人になって半世紀、卓越技能章・現代の名工にも選ばれている。

パティシエ ショコラティエ イナムラ ショウゾウ

Shop info

東京都台東区谷中7-19-5
☎03-3827-8584
㊔10:00〜18:00
㊡月曜(祝日の場合は翌日)　第3火曜　他に不定休あり
￥予算1000円〜　カード／2000円以上から可
JR「日暮里駅」北改札口西口より2分。

おわりに

東京は、しのぎを削る街です。

食料自給率一％以下という土地では、料理を作るにも、よそで育った生産物を使うしかありません。でもその代わりに、クリエイティビティを生産してきました。

ものも、人も、国内外から我こそはと集まってしのぎを削る。他人よりもっとすごいこと、一番新しいもの、まだ誰もしていない何か。それらを目指すことは、ある意味、東京の役割でもあるかもしれません。

消費と創出を繰り返す街は、必然、スクラップ・アンド・ビルドの運命を背負うことになります。先月までスペインバルだった店が、今月は日本酒スタンド、とか。一軒の店がなくなってもすぐ新しい店ができて、誰もが「前の店なんだったっけ？」なんて忘れてしまう。もっと言えば、街にさえ流行があります。

一〇年ちょっと前、私はよくオープンしたての店を取材していました。

その現場でよく聞いたのが、飲食業では二年以内に半数が店を閉じ、一〇年生き残る店は一割という話。（ちなみに、首都圏を対象とする飲食店．ＣＯＭの調べでは、二年以内が約五割、六〜一〇年での閉店が一・七割。二〇一四年発表）。新しい店主たちは、多くがその一割に入ること、一〇年を一つの目標に掲げます。

そこまでいったら、次の一〇年を考える。目まぐるしく街が変わり、人が変わるから、その先は誰にもわからないのです。さらに自分たちも歳を取り、東京の高い家賃の支払いは延々と続く。厨房機器も、なぜか一〇年で寿命がくることが多いそうです。

この時代に誕生したばかりの店が、一〇年後、一割の場所に立ったとき。

彼らは何を思っているのだろう？

ふと訊ねてみたくなったのが、「東京で十年。」の小さなきっかけです。この特異な東京で一〇年続けることを成し遂げた店は、少なからず、誰かにとってなくなっては困る店であるはず。飲食店は消費じゃない。そう信じたい気持ちもあった気がします。だけど、無名の書き手が「一〇年経ったお店を取材したい」と言ったって玉砕です。たいていの媒体が、読者が求めるのは「新店」「次世代シェフ」などの最新情報、と答えました。

「私としては今、むしろこっちが〝新しい〟と思うんだけどなぁ。タイトルも『東京で十年。』って決まってるんですよ」

当時のdancyu編集長から、「イカワさん、今、何か書きたいことある？」と電車の吊り革に摑まりながら世間話みたいに訊かれ、やや愚痴っぽくこぼしたら、駅の改札をひょいっと抜ける間に連載が決まっていました。タイトルがいい。まだ未来にも続いていく一〇年という時間がいい、と言って。

そうして「東京で十年。」は、dancyuの二〇一四年四月号から始まることになったわけです。ソチ冬季五輪で羽生結弦が金、平野歩夢が最年少の銀、葛西紀明が最年長の銀を獲って、日本がガッツポーズから始まった年でした。

取材をお願いするのは、店と店主がそのまま重なるような存在感の店ばかりです。資本力や企業などの後ろ盾がなくとも、東京の片隅でしっかり愛されながら、ジャスト一〇周年。決まりごととして、九年一一カ月などでなく、一〇周年の地点に到達した店、としました。

あれから丸九年、「東京で十年。」も一〇年目に突入します。

二〇二三年三月現在も連載は続いていて、五月号で第一〇〇回。今回の書籍化にあたっては、第一弾として第五〇回までを掲載しました（辞退された店を除く）。

開店年でいえば、二〇〇三年から二〇〇八年まで。各年代のできごとを扉のページに書いているので、彼らがスタートした時代に立ち返り、懐かしがりながら読んでみてください。

最後に。ご協力いただいたお店のみなさま、連載時から愛読してくださった読者のみなさまに、心から感謝申し上げます。

頼もしい相棒となってくれた、写真家の長野陽一さん。仕上がった写真を見て、「わあ」と驚くのが楽しみなんです。私には見えなかった世界が映っていて、じっと眺めていると気づかされる啓示がある。いつも写真に助けてもらいながら物語を書いています。

毎回違うデザインを凝らして、世界観を表現してくれた歴代デザイナーたち。連載を決断してくれた元編集長と、書籍化を実現してくださった現編集長。そして毎月の下見、取材、執筆と、喜怒哀楽を分け合いながら伴走してくれた代々の担当編集者に、心でがっつり握手して、ありがとうを贈ります（第二弾もよろしくお願いします）。

二〇二三年三月　井川直子

井川直子

いかわ・なおこ●文筆業。秋田県生まれ。主に料理人、生産者、醸造家など、食と酒にまつわる「ひと」と「時代」をテーマとしたノンフィクションを執筆。エッセイも手がける。2003年、イタリア現地で修業中の日本人コックたち24人のルポルタージュ『イタリアに行ってコックになる』（柴田書店）を上梓。2021年、『シェフたちのコロナ禍　道なき道をゆく三十四人の記録』（文藝春秋）発売。本書籍にて、2022年、第6回『食生活ジャーナリスト大賞 ジャーナリズム部門』を受賞。著書に、『東京の美しい洋食屋』『変わらない店』『昭和の店に惹かれる理由』『シェフを「つづける」ということ』など。2023年5月、ミシマ社より『ピッツァ職人』を発売予定。

長野陽一

ながの・よういち●写真家。大阪府生まれ、福岡県で育つ。1998年、沖縄、奄美諸島の島々に住む10代のポートレイト写真『シマノホホエミ』を発表。以後、全国の離島を撮り続け、2001年『シマノホホエミ』、2004年『島々』、2008年『シマノホホエミ 改訂版』、2012年『BREATHLESS』とシリーズ化し、4冊の写真集を刊行する。あわせて国内外で展覧会やアートフェアにも参加。作品制作を続けながら、雑誌、広告、CMなどの媒体でも活動している。2014年、主に雑誌媒体で撮影してきた料理写真だけを集めた写真集『長野陽一の美味しいポートレイト』が評判を呼ぶ。人々の暮らしをフィールドに、ポートレイト写真を撮り続けている。

店をもつこと、続けること

東京で十年。

2023年4月18日　初版発行

著者　井川直子
発行者　長野陽一
発行所　鈴木勝彦
株式会社プレジデント社
〒102-8641
東京都千代田区平河町2-16-1
電話　編集03-3237-3720
販売03-3237-3731

デザイン　千葉佳子（kasi）
編集　杉渕水津
制作　坂本優美子
販売　桂木栄一、高橋徹、川井田美景、森田巌、末吉秀樹、花坂稔
印刷・製本　凸版印刷株式会社

ISBN 978-4-8334-5226-7